浙江大学宁波理工学院法政学院"十三五"一流学科

1978—2010 年民事诉讼调解率变迁及其解释

刘　敏　著

ZHEJIANG UNIVERSITY PRESS
浙江大学出版社

图书在版编目(CIP)数据

1978－2010 年民事诉讼调解率变迁及其解释 / 刘敏著.
—杭州:浙江大学出版社,2020.3
ISBN 978-7-308-20085-1

Ⅰ.①1… Ⅱ.①刘… Ⅲ.①民事纠纷—调解(诉讼法)
—研究—中国—1978—2010 Ⅳ.①D925.114.4

中国版本图书馆 CIP 数据核字(2020)第 039722 号

1978—2010 年民事诉讼调解率变迁及其解释

刘 敏 著

责任编辑	石国华
责任校对	杨利军 许晓蝶
封面设计	周 灵
出版发行	浙江大学出版社
	(杭州市天目山路 148 号 邮政编码 310007)
	(网址:http://www.zjupress.com)
排 版	杭州星云光电图文制作有限公司
印 刷	杭州高腾印务有限公司
开 本	710mm×1000mm 1/16
印 张	10.75
字 数	210 千
版 印 次	2020 年 3 月第 1 版 2020 年 3 月第 1 次印刷
书 号	ISBN 978-7-308-20085-1
定 价	48.00 元

浙江大学出版社市场运营中心联系方式:0571-88925591;http://zjdxcbs.tmall.com

前　言

民事诉讼调解率是司法统计中的一项重要指标。自 1978 年以来,中国民事诉讼调解率变迁,呈现出前降而后升的变化,2002 年构成了这一变化的关键点。由于 2002 年以后的民事诉讼一审调解率呈现出缓慢的上升,还很难形成一些学者所谓的"U"型变迁。从 1978 年至 2010 年,民事诉讼一审调解率一直高于二审及再审的调解率。其中,从 1978 年至 2002 年,民事诉讼一审调解率下降幅度高于二审和再审调解率的幅度。然而,2002 年后,这一变化被颠覆,二审及再审的调解率呈现出快速上升的态势,而一审的调解率只出现缓慢上升。民事诉讼调解率的三大类型(婚姻家庭、合同、侵权)总体变化趋势一致,但呈现出略有不同的面貌。三大类型案件结案量占比排序发生大的变动,合同纠纷取代婚姻家庭纠纷,成为当前法院民事审判的主要内容。在过去的三十年中,合同纠纷案件增长迅速,其占比从不到 2% 上升到 50% 以上。与合同纠纷结案数占比快速增长不同的是,其他两大类型民事案件结案总量虽然有所增长,但是占比却有所下降。其中,婚姻家庭继承类案件的结案占比从 57% 下降至 23%,侵权纠纷案件的占比从 41% 下降至 24%。比较三大类型纠纷调解率,可以发现三者存在如下不同:(1)调解率的变动幅度不同。其中婚姻家庭纠纷的调解率变化幅度最小,而合同纠纷与侵权纠纷的调解率变动均较为剧烈。(2)2002 年以后上升的幅度不同。婚姻家庭纠纷的调解率虽然始终保持在 40% 以上,但是其增长幅度较小。同样增长幅度较小的还有合同纠纷,而侵权纠纷的调解率上升较快。

由于合同纠纷与离婚纠纷占据了民事案件的主要部分,分析合同纠纷与离婚纠纷调解率变迁,构成了解码当代中国民事诉讼调解率变迁的关键。分析发现,导致 1978 年至 2002 年合同纠纷调解率快速下降的主要原因在于当事人与法院的"合谋"。一方面,随着经济改革的推进,大量的合同纠纷(主要是借款、买卖纠纷)涌入法院,使得法院审判工作量剧增。合同纠纷平均标的金额的快速上升,导致合同的可调解性下降。另一方面,为了应对民事审判中的案多人少局面,法院启动了以强化当事人举证责任为中心的审判方式改革。这一改革,压缩了法院与当事人之间的沟通与交流时间,导致法院司法调解功能的消退。合同纠纷可调解性的下降和法院为了应对诉讼审判数量压力所进行的审判方式改革，导致合同诉讼调解率快速下降。在这一时期，国家关于金融机构呆账的治理，使得法院成为解决国有企业改革中的一个环节。这一治理进一步加剧了合同调解率的下降。在当代中国离婚纠纷调解率的变迁过程中，当事人、国家与法院围绕着离婚纠纷的处理，扮演着各不相同的角色。从根本意义上看，调解率的下滑，主要原因在于当事人对共同财产分割分歧过大。这一原因，导致国家在制度供给上的变化，从而进一步推动离婚纠纷当事人将纠纷诉诸法院。在应对当事人的离婚纠纷诉求过程中，受传统观念的制约以及"夫妻感情确已破裂"的判断困境，法院在司法实践过程中创造了"二次离婚诉讼审判规则"。一件离婚纠纷，必须要经过两次起诉、两次判决，才能实现最终结束婚姻法律关系的目的。这一规则间接导致了法院判决率的上升、调解率的下降。

在中国的民事诉讼调解的制度实践背后，存在着多重的逻辑。它包括当事人的逻辑、法院的策略逻辑和国家的治理逻辑。三者在不同的时期，对调解制度产生了各不相同的影响。在民事诉讼调解率的变迁中，来自当事人的逻辑对调解产生了关键性的作用。这种作用机制表现为如下两个方面：其一，当事人的纠纷性质，对案件的最终结案形式，具有重要的影响。其二，作为司法产品的消费者，当事人对法院审判的评价，最终影响到国家的治理策略。可以认为，当事人的因素是导致当代中国民事诉讼调解率变迁的决定性因素。国家的治理和法院的应对策略，对调解率变迁也具有重要影响，但它们只是影响民事诉讼调解率变迁的次要因素。

进入新世纪以来，调解率的缓慢回升，是中国民事诉讼政策转变的结果。然而，调解优先的政策实施效果，并没有宣传的那样出色。实际上，无论是调解率的上升幅度，还是案件的调解效果，都表明司法政策转型的功能有限。大量调解案件进入强制执行程序，表明司法系统通过行政化的动员机制，所实现的高调解率，并没有实现当事人和谐的效果。同时一些法院所发起的"零判决"法庭竞赛等活动，充分地说明了法院对调解率的追求程度。法院追求高调解率，易引发强制调解、违法调解。要求二审、再审高调解率，不符合司法的规律。法院追求调解率，亦歪曲了马锡五审判方式的本质。大调解运动下，调解的政治逻辑遮蔽了司法的逻辑。应当科学看待调解率，褪去调解率的政治光环，取消对法官的调解率考核，严格限制调解在二审与再审中的适用。

著者
2019 年 7 月

目　录

第1章 绪 论

1.1 选题背景及意义

平等民事主体之间发生的纠纷进入法院后,通常面临着以下几种结局:判决、调解、驳回起诉、撤回诉讼、移送等。其中的判决和调解是最为常见的两种结案方式。在我国当前的民事诉讼体制下,一个民事案件最终是以判决的方式结案,还是以调解的方式结案,关键的影响因素是什么,成为一个令人备感兴趣的问题。如果说,单个的民事案件,其以判决的方式结案抑或以调解的方式结案,还可能具有很大的随意性与或然性,那么成千上万个同一类型的民事案件以调解的方式结案呢? 这其中是否存在着某种我们没有发觉的规律? 如果将上述问题进行转化,则可以归结为:在全部的已经审结的民事案件中,以调解方式结案的案件占有多少比重? 在这些案件中,又有哪些类型的案件最为典型,它们占有多大的比重? 同时,这些案件以调解的方式结案,又有哪些影响因素? 上述问题的回答对我们认识法院诉讼调解制度又有何启发? 我们是否有必要通过实施相关的司法政策以提高民事诉讼调解率?

在上述问题中,最需要回答的就是,当前我国已经审结的民事案件中,调解结案的案件所占的比重。这一比重,在司法统计上,通常称为民事诉讼调解(结案)率,它指的是在一个统计时间内(通常为一年)调解结案的数量占结案总量的百分比。民事诉讼调解率是我国法律实务部门一项重要的决策基础指标。在我国最高人民法院的年度工作报告中,总会报告每年的民事诉讼调解率。如在 2009 年审结的一审民事案件中,调解和撤诉结案 359.3 万件,占 62%。这一数据意味着每 100 个民事案件中,就有 62 个是以调解的方式结案或者是以撤诉的方式结束的。根据笔者的计算,在这 359.3 万件民事案件中,有 209.9 万件是以调解的方式结案的,诉讼调解率为 58%。那么,58% 的调解率是高了还是低了? 有没有必要通过实施"调解优先,调判结合"的司法政策加以提高? 该司法政策实施后,是否能够有效提高民事诉讼调解率? 这些问题,如果仅仅通过我们的主观臆断进行回答,恐怕连自己也说服不了。

本书以"当代中国民事诉讼调解率变迁研究"为题,尝试通过民事诉讼调解率这一指数来研究当代中国民事诉讼调解制度的实践及有关的司法政策。事实上,从已有的数据来看,当代中国的民事诉讼调解率经历了一个从高潮到低谷,然而又逐渐"勃兴"的过程。在中国法院的司法实践中,民事诉讼调解是否真的已经开始"勃兴",抑或只是一种司法宣传上的假象? 如果诉讼调解确实已经振兴,又如何解释这一具有趣味性的变化? 这些都构成了本书所要回答的问题。与此相关的是,当代中国的民事诉讼调解的司法政策也经历了一个从肯定到否定,然后又肯定的过程,即从 20 世纪 80 年代的"着重调解"政策,到 90 年代的"依法调解"政策,再到新世纪初的"当判则判,当调则调,调判结合,案结事了"政策,直至现在的"调解优先,调判结合"政策。可以说,在短短的 40 年间,当代中国民事诉讼调解政策经历了一个轮回,这一轮回是否是辩证法所称的"否定之否定"的螺旋式上升?

在笔者看来,研究当代中国的民事诉讼调解率至少具有如下几重意义:

其一,民事诉讼调解率属于法院统计中最为常用的指标。它被用来统计在法院的民事司法实践中,以调解结案的方式结束的案件占所有已结案件的比重。在确定的计量年度内,调解率越高,则说明以调解的方式结案的民事案件数越多,相应地,以判决的方式结案的民事案件则越少。可以说,调解率的高低,可以用来衡量当代中国民事诉讼调解的现实状况。然而,令人遗憾的是,学术界对于这一重要的客观指标却缺少研究,或者说不感兴趣。过于关注民事诉讼调解率往往被视为法院行政化管理的一大罪状。然而,不容否认的是,司法统计数据是我们切入法院实践的一个重要视角与工具。

其二,民事诉讼调解率有助于我们挖掘当代中国民事司法体制所立身的社会背景。如果将中国自 1979 年以来的历年民事诉讼调解率加以比较,就可以发现调解与判决这两种不同的结案方式在当代中国的民事司法场域中的精彩竞合。调解率的背后,折射出在当代中国法院司法的场域中,当事人、法官以及法院的行为选择。40 年来,中国社会已经发生翻天覆地的变化,法官和法院本身也在不断接收来自社会的信号,他们是否在调整自己以适应社会变迁,抑或他们还是老样子? 通过民事诉讼调解率这一客观指标,我们也许可以将这些内容给挖掘出来。

其三,研究民事诉讼调解率有助于我们从现实主义的角度评价民事司法政策。既有的研究文献往往从个人体验的视角来对民事司法政策进行评价,其中或多或少带有主观色彩,在一定程度上削弱了研究的可信度。如果通过民事诉讼调解率这一客观指数来评价民事司法政策,或许可以让我们对现行的民事政策进行更为客观的评价。

1.2　国内外文献述评

带着上述疑问,笔者尝试着通过民事诉讼调解率这一具有客观性的评价指标来研究我国的民事诉讼调解制度。在研究之前,有必要回顾国内外学者就法院调解制度所进行的研究。

总体而言,目前关于调解的研究,制度研究多于实证研究,规范研究多于经验研究。随着学术研究的推进,传统的规范研究方法已经无法完全满足人们对法律认识的深化需要,实证研究方法开始在法学研究领域兴起,调解率开始受到学术界的重视,出现了不少具有原创性的研究成果。鉴于关于调解的文献浩如烟海,本节仅选取实证研究领域的文献进行述评。

就调解研究的早期而言,最具有代表性的研究当属于黄宗智与强世功。[①]在一系列开创性研究中,黄宗智对中国的调解实践(尤其是离婚调解)进行了长时段的实证研究。在黄宗智看来,在当代中国的民事法律制度中,法庭调解涵盖了一系列法院行为,从没有实质性内容的形式到真正的调解,积极的干预,再到简单的宣判,都被归入这个宽泛的范畴。中国当代意义上的调解与离婚法实践有着紧密的联系,法院调解作为一种非此即彼式的纠纷解决方式,容纳了多种要素,"传统的和现代的,农民的和共产党的"。[②] 而强世功的研究,则主要是

---

① 同一时期杰出的研究者还有赵晓力、季卫东、杨柳等。参见赵晓力:《关系/事件、行动策略和法律的叙事》//王铭铭.王斯福:《乡土社会的公正、秩序与权威》,中国政法大学出版社 1997 年版,第 520-541 页;杨柳:《模糊的法律产品——对两起基层法院调解案件的考察》,《北大法律评论》1999 年第 1 期;季卫东:《调解制度的法律发展机制——从中国法制化的矛盾入手》,《比较法研究》1999 年第 3、4 期。

② Huang P C C. Divorce Law Practice and the Origins, Myths and Realities of Judicial Mediation in China, Modern China, 2005,31(2):151-203;[美] 黄宗智:《过去与现在:中国民事法律实践的探索》,法律出版社 2009 年版,第 123-124 页。

从国家治理的角度对中国共产党的法律治理进行分析。他认为,只有在"法律的治理化"背景之下,才能理解我国法律在整体上的治理风格导致了调解成为法治与治理之间的最佳过渡地带。① 透过黄宗智与强世功对调解的历史维度的分析,我们可以发现在调解背后的国家影响。在此意义上,法院调解已经不再是纯粹的乡土调解,而带有国家权力的色彩。

进入 20 世纪 90 年代,当学者还在抨击法院调解的弊端(导致程序法和实体法双重软化)和法官的调解偏好时,中国法院的调解率已经呈现出快速下降的趋势。② 而在进入 21 世纪时,中国法院的民事司法政策发生了明显的变化,调解在法院系统呈现出"复兴"的态势。这一变化,引起了学术界的广泛关注。然而,与 90 年代一边倒的批评不同的是,对于法院系统出现调解热,产生了两种对立的观点。一种观点认为,调解作为一种解纷方式,在现代社会仍然具有重要的价值。持这种观点的学者以范愉与吴英姿为代表。范愉认为,调解热的出现,说明了调解作为中国转型时期社会治理机制的一部分的不可或缺性。对于强化调解过程中出现的问题,可以通过强化当事人的权利加以克服。③ 而吴英姿则认为,调解的复兴,与我国转型时期的社会具有紧密的联系。"转型时期社会自我解纷能力的低下和社会纠纷的特殊性,决定了法院调解将继续发挥社会整合与治理功能。"④另外一种观点,则是对法院强化调解所带来弊端的批评,有的甚至否定调解在现代司法审判体系中的正当性。⑤ 在周永坤看来,调解是欠发达社会的产物,司法调解的强化,必然导致法官强制当事人调解,这将严重冲击公平与法治。而李浩则发现,大量调解结案的民事案件进入强制执行程序,颠覆了调解本身具有的优势,法院有必要树立正确的调解观。

---

① 强世功:《法制与治理——国家转型中的法律》,中国政法大学出版社 2003 年版,第 246-267 页;强世功:《调解、法制与现代性:中国调解制度研究》,中国法制出版社 2001 年版,第 14 页。

② 关于法院调解的批评。参见王亚新:《论民事、经济审判方式的改革》,《中国社会科学》1994 年第 1 期;李浩:《论法院调解中程序法与实体法的双重软化——兼析民事诉讼中偏重调解与严肃执法的矛盾》,《法学评论》1996 年第 4 期;李浩:《民事审判中的调审分离》,《法学研究》1996 年第 4 期;李浩:《论调解不宜作为民事审判权的运作方式》,《法律科学》1996 年第 4 期。

③ 范愉:《调解的重构》(上、下),《法制与社会发展》2004 年第 2、3 期;范愉:《纠纷解决的理论与实践》,清华大学出版社 2007 年版,第 410-459 页。

④ 吴英姿:《法院调解的"复兴"与未来》,《法制与社会发展》2007 年第 3 期。

⑤ 周永坤:《强制调解对公平与法治的冲击》,《法律科学》2007 年第 3 期;张卫平:《诉讼调解:时下态势的分析》,《法学》2007 年第 5 期;徐涤宇、肖陆平:《法院"调解运动"之反思——基于两种文明秩序的视角》,《法学杂志》2011 年第 2 期;李浩:《当下法院调解中一个值得警惕的现象——调解案件大量进入强制执行研究》,《法学》2012 年第 1 期。

以上关于调解的研究文献,构成了本书研究的基本讨论背景。在一定程度上,关于调解的看法,学术界目前呈现出分裂化的状态。如何对这些观点进行科学合理的评判,构成了本书必须回答的问题。同时,仍然需要指出的是,上述文献,主要侧重于对调解的功能性分析,尚缺少对调解率的深入分析。结合本书的研究主题,应当进一步就民事诉讼的调解率变迁进行分析,并用未来的调解率进行验证。就笔者能力范围内所搜集的文献来看,主要有如下文献值得我们进行深入的分析与关注。它们是:《民事案件调撤率的实证分析及其规律适用》(胡昌明,2007)、《法院调解结案率须当慎定》(赵钢,2008)、《调解率说明什么?——对"调解率与和谐正相关"命题的分析》(李杰,2008)、《"案结事了"理想的实践障碍及其超越——基于调解案件进入执行程序的实证分析》(冯一文,2009)、《民事高调解反悔率及其解释》(陈力,2010)、《调解率的功能回归与机制重构——由案件调解后申请执行情况引发的追问、慎思与求解》(陈树森,2011)、《法院调解率:"U"型回归态势下的探析》(潘凤飞,2011)、《调解率与调解自动履行率应当并重》(章俊,2011)、《当下法院调解中一个值得警惕的现象——调解案件大量进入强制执行研究》(李浩,2012)、《民事诉讼调解结案率实证研究》(张嘉军,2012)。

从上述论文的作者来看,法院实务部门的作者与理论部门的作者几乎各占半壁江山。① 在此意义上,调解率的问题是一个理论部门与实务部门都关注的话题。同时,这些论文的写作,都在 2008 年以后,这也说明了调解率研究还是一个新问题。从研究问题的角度来看,主要分为三个方面:

其一,民事诉讼调解结案率变迁的基本描述。例如,张嘉军通过对河南省四个地级市的司法统计数据的整理,发现:2004 年以来,无论一审、二审还是再审,民事诉讼调解结案率都呈现出曲折增长的态势(而非持续增长)。从

---

① 实务部门对调解率的关注度可能更高。据笔者所知,有不少的法院已经针对调解率进行过专门的课题研究,如徐州法院、漳平法院。参见刁国民:《人民法院调解案件申请执行情况的调研分析》,《徐州审判》2010 年第 1 期;漳平市人民法院课题组:《对民商事诉讼调解案件执行情况的调查与分析》,龙岩法院网:http://fjlyzy.chinacourt.org/public/detail.php? id=107;卜烈珍、张均英、严国琼、李运增:《民商事调解案件执行情况调研报告——以钦州市两级法院为主要研究对象》,钦州法院网:http://qzzy.chinacourt.org/public/detail.php? id=1045;杨宗仁:《加强诉讼调解 为构建和谐社会提供司法保障——关于广东省河源市两级法院诉讼调解工作的调研报告》,《人民法院报》2009 年 7 月 2 日;夏海军、傅德洋:《试分析调解结案件执行难的原因及对策》,江苏法院网:http://www.jsfy.gov.cn/llyj/gdjc/2008/08/11/38305.html;张华、向斌:《民商事案件调解结案后自动履行率低值得重视》,重庆法院网:http://cqfy.chinacourt.org/public/detail.php? id=28634。

案件的具体类型来看,婚姻家庭类、合同类及侵权类案件的调解结案率都未超过 60%。同时,从调解结案率的高低来看,婚姻家庭类调解率高于合同类纠纷调解率,而合同类纠纷调解率又高于侵权类(张嘉军,2011:134-196)。而潘凤飞等人则认为,中国的民事诉讼调解率变迁已经呈现出"U"型变迁态势。

其二,民事诉讼调解率变迁的原因。范愉认为,20 世纪 90 年代以来民事诉讼调解率下降的原因是多方面的,这些原因可以归结为:(1)司法政策、审判方式改革及法院评价机制的导向;(2)程序设置的问题;(3)法官对调解的态度及能力;(4)当事人方面的原因;(5)法学界的抨击;(6)律师的作用;(7)社会对司法和诉讼的过高期待。[①] 而对新世纪以来调解率的回升,范愉与张嘉军等人都认为与司法政策的转变有关。至于调解率为何呈现出缓慢回升(或者说非持续性增长)态势,范愉认为,司法政策并不能同时全面地调动全国所有法院调解的积极性和能力,使他们达到完全一致的水准。而张嘉军在对法官的访谈中也发现,法院调解结案率未呈现持续增长,既是调解政策驱动、各法院领导重视程度不同所致,也有个案差异、案件性质不同等原因。

其三,民事诉讼调解率回升的实际效果。民事诉讼调解率的回升,在理论上应当实现政策制定者所期待的"息讼(减少上诉、再审、申诉、缠诉)""缓解执行难问题""提高法院工作效率""维护社会稳定"等效果。然而,一些法院的实际调查报告,却在一定程度上对这些理论预设的效果进行了证否。如冯一文、陈树森、李浩等人发现,近年来法院审判实践中出现了"大量调解结案的民事案件进入强制执行程序"的新动向。调解案件进入执行程序的比例畸高,颠覆了调解的比较优势。相当数量的调解案件"案结事不了",严重地损害了债权人的利益,削弱了调解在司法审判体系中的功能和地位。

在中国学界对调解的争论过程中,国外的一些法院实践及理论研究成为重要的参考资源。日本学者对诉讼上的和解也存在着诸多的争论,然而,不容否

---

① 范愉:《纠纷解决的理论与实践》,清华大学出版社 2007 年版,第 410-459 页。然而,对于律师参与诉讼,是否必然会导致调解率的下降,学者存在着不同的看法。例如布莱克认为,通过提高地位较低一方的社会地位,律师使得司法机构对案件的处理均值化和平等化。基于此种考虑,当事人都会聘请律师辅助其提升诉讼能力和诉讼地位,在这种情况下,均值化的双方当事人容易达成调解。但是,如果诉讼地位和诉讼能力较高的一方聘请了律师,而相对弱势的一方没有聘请律师,这样的格局只会加大诉讼双方的能力差距,使得双方更加对立,不利于调解的达成。

认的一个事实是,即使已经接受了西方程序正义观,走上了"判决—强制执行"
程序之路,且不存在中国式的执行难、地方保护主义,日本的民事诉讼调解率仍
然处于居高不下的位置。① 从日本地方裁判所一审民事诉讼案件的司法统计
来看,20 世纪 50 年代和解结案的案件数量每年大致占已终结案件总数的
17%左右,60 年代至 70 年代上升到 25%左右,到了 80 年代以后,这个比例
已达到 30%~35%(新堂幸司,2000)。2001 年,日本简易法院第一审民事诉
讼的和解率达到 28%,而地方法院第一审民事诉讼的和解率则高达33%。如
果将双方当事人因私下和解而撤诉的比重计算在内,简易法院、地方法院有
50%以上的民事一审案件都以和解告终(六本佳良,2006)。根据中国学者白
迎春的旅日观察,诉讼和解率的变迁一直是日本民事审判研究者所关注的现
象之一。日本的司法统计显示,以地方法院第一审有关财产民事诉讼审结案
件为例,其诉讼和解率的变迁为:1960 年为 18%;1970 年为26%;1980 年为
32%。诉讼和解率在一定的期间内持续提高,到了 1990 年已经达到 35%(白
迎春,2009)。日本民事诉讼研究者田中丰认为:民事诉讼和解的运用早在
80 年代就已经根深蒂固了(田中豊,1986)。值得注意的是,从 1990 年开始
一直到 2006 年,日本的民事诉讼和解率没有太大的变化,每年保持在 33%左
右。②

　　日本关于调解的司法实践,对同属中华法系的中国有着借鉴意义,那就是,
调解作为司法的一种运作方式,无论社会经济发达与否,都始终将在社会中存
在下去。同时,随着社会结构的稳定和经济的平稳化,调解率将保持相对稳定
的状态。③

---

① 　新堂幸司:《新民事诉讼法》,弘文堂出版社 2000 年版,第 302-303 页;[日]六本佳良:《日本法与日本
社会》,刘银良译,中国政法大学出版社 2006 年版,第 216-217 页;白迎春:《日本"辩论兼和解"的审判方式》,
《太平洋学报》2009 年第 11 期;田中豊,民事第一審訴訟における和解について―裁判官の役割を中心に,
1986(32);[日]竹下守夫:《民事诉讼的计量分析》,商事法务研究会 2000 年版,第 223 页。
② 　日本著名学者竹下守夫教授分别于 2000 年和 2008 年主持进行了两次大规模的民事诉讼抽样调查,
为我们提供了第一手的研究日本民事诉讼实际运行的数据,其中就包括了民事诉讼和解的情况。竹下守夫
教授主持的民事诉讼实态调查研究会通过对日本的札幌、仙台、东京、名古屋、大阪、高松、广岛、福冈八个地
区的抽样统计,研究发现:八个地区都存在着由法官所创造的"辩论兼和解"的审判方式,所谓"辩论兼和解"
指的是法官在争点整理过程中积极寻找当事人和解的机会。在所抽样的 1167 个案件中,存在"辩论兼和解"
情形的案件有 419 件,实施率达到了 35.9%。参见[日]竹下守夫:《民事诉讼的计量分析》,商事法务研究会
2000 年版,第 223 页。
③ 　韩国和我国台湾地区的司法实践也表明了这一点。参见金妧淳:《中韩法院的民事诉讼调解制度之
比较研究》,中国政法大学 2002 年硕士学位论文,第 29-31 页;陈聪富:《法院诉讼与社会发展》,《国家科学研
究院研究业刊:人文及社会科学》2000 年第 4 期,第 435-492 页。

除了与中国同属东亚文化圈的日本、韩国以外,对中国理论与实践产生巨大影响的,当属美国兴起的 ADR 运动。① 基于法系上的差异,美国司法的实践经验能否直接套用于中国,不无疑问。在笔者看来,诉讼案件的增长所带来的压力,构成了西方非诉讼纠纷解决方式受到重视的根本原因。基于这一考虑,笔者在此仅选择美国法社会学者对调解的研究进行述评。②

马克·格兰特教授(M. Galanter)是西方法院审判和调解研究领域的标志性人物。他公开发表的论文,如《调解法官而非诉讼法官:美国的司法调解》(1985)、《民事诉讼中法官调解的出现》(1986)、《消逝中的审判:联邦法院诉讼及相关事项的一项研究》(2004),掀起了美国法学界关于诉讼调解的热烈讨论。③ 在《民事诉讼中法官调解的出现》一文中,格兰特敏锐地指出,"在法律的阴影下谈判"成为美国法院解决纠纷的主要手段,只有不到 10% 的案件以判决的形式结束。1983 年《联邦诉讼程序规则》第十六条经过修改后,允许法官在审前会议中使用特殊司法程序解决纠纷。④ 这一制度安排,使得法官可以通过非诉讼的方式将案件进行分流(格兰特,1986)。而根据另外一位美国著名的法社会学家萨利·安格尔·梅丽(S. E. Merry)的调查,发现美国基层法院对于社区纠纷和家庭纠纷,往往采取一种"非法律"形式的话语,以引导这些案件通过调解的方式结束(梅丽,1990)。换言

---

① 当然,在美国以外,全球很多国家都开始重视调解在解决纠纷中的作用,甚至有学者将之称为"全球调解趋势"。参见[澳]娜嘉·亚历山大(Nadjia Marie Alexander):《全球调解趋势(第 2 版)》,王福华等译,中国法制出版社 2011 年版。

② 关于法院调解的杰出研究学者有马克·格兰特、萨利·安格尔·梅丽等法社会学者。Galanter M. A Settlement Judge, Not a Trial Judge: Judicial Mediation in the United States, Journal of Law & Society, 1985,12(1):1-18;Galanter M. The Emergence of the Judge as a Mediator in Civil Cases. Judicature, 1986, 69(5)256-262;Galanter M. The Vanishing Trial: An Examination of Trials and Related Matters in Federaland State Courts. Journal of Empirical Legal Studies,2004, 1(3): 459-570;Ryan J P, Ashman A, Sales B D, et al. American Trial Judges: Their Work Styles and Performances. New York Press,1980; Stipanowich T J. ADR and the "Vanishing Trial": The Growth and Impact of "Alternative Dispute Resolution". Journal of Empirical Legal Studies, 2004,1(3): 843-912; Merry S E. Getting Justice and Getting Even: Legal Consciousness among Working-class Americans. Chicago: University of Chicago Press, 1990.

③ 关于马克·格兰特教授论文的介绍,请参见范愉:《新法律现实主义的勃兴与当代中国法学的反思》,《中国法学》2006 年第 4 期。《从诉讼调解到"消失中的审判"》,《法制与社会发展》2008 年第 5 期;《诉讼调解:审判经验与法学原理》,《中国法学》2009 年第 6 期。

④ 审前准备程序是 1938 年《联邦诉讼程序规则》所确立的一项制度,该项制度的设计目的在于为审判做准备工作,然而,它在不期之中成为诉讼和解的重要副产品。

之,诉讼和解成为美国法院用来进行案件分流的一种重要方式。格兰特2004年发表在《法律实证研究杂志》上的《消逝中的审判:联邦法院诉讼及相关事项的一项研究》一文,对1962年以来的美国的司法审判进行了全景式的考察。他发现,自1962年以来,美国法院的审判结案率和案件审判数量都呈现出明显下降的趋势。[①] 格兰特将这种变化归因于如下三种因素的综合作用:(1)ADR的分流作用;(2)法律职业共同体,尤其是法官和律师观念的变化;(3)社会人口和经济的发展。在这三种因素中,社会经济具有决定作用,它与其他因素的结合,导致了美国司法领域判决结案率的下降和案件量的下降。[②]

　　格兰特的研究表明,司法判决率的变迁,是一个多因素的结果。在司法的变迁过程中,根本的原因不在于司法本身,而在于社会。这是一个法社会学者的基本研究立场。这也启发我们,在对中国当代民事诉讼调解的变迁进行研究时,不应将视野局限于司法本身,而是应当从社会本身进行挖掘。这种挖掘,包括进入法院的当事人及其案件的性质,也应当包括国家对司法的治理。[③]

----

　　① 论文首先追溯了美国法院审判结案率下降以及诉讼案件绝对数量下降的现象及发展历程。作者通过大量的数据分别展示了联邦法院和州法院民刑事案件数量、审判结案率、陪审团审判率、各种案件类型所占比例,从而详尽地揭示出审判结案率和收案数量下降的事实和趋势。数据表明,联邦法院民事案件审判结案率从1962年的11.5%到2002年的1.8%,持续了几十年的下降。更令人吃惊的是,法院受理的诉讼案件绝对数也在持续下降,从20世纪80年代中期以后下降了60%,其中联邦民事审判受理绝对数比1962年减少了20%。民事审判案件的构成从侵权案件占优势转向民权案件占优势,但每一种类型案件中审判的比例都在下降。审判比例和案件绝对数的下降也出现在刑事案件和破产案件中。而且,不仅联邦法院,在州法院中占审判案件主体的民事和刑事领域(联邦法院的刑事案件减少了约30%),同样出现了类似的审判结案率和诉讼量的普遍下降。Galanter M. The Vanishing Trial: An Examination of Trials and Related Matters in Federaland State Courts. Journal of Empirical Legal Studies,2004,1(3):459-570.

　　② 马克·格兰特的研究之外,在美国,还有一大批的学者围绕美国诉讼上的"消逝中的审判"现象进行了深入的研究。除格兰特的《消逝中的审判》一文之外,引用率最高的当属前已提及的Stipanowich发表于《法律实证研究杂志》的《ADR与消逝中的审判:多元纠纷解决机制》一文。Stipanowich发现,在商业领域,调解制度日益被频繁使用,说明ADR对于商业的重要性,在某些商业领域中,人们发展出更为紧密、系统的冲突管理机制,以便能够及时快速地处理纠纷。Stipanowich的这一研究也揭示了当事人的选择对纠纷解决方式具有决定性的影响。

　　③ 传统的研究,将国家置于社会之外,从而形成了社会—国家的研究框架。但是,从本质上而言,国家(或曰政府)本身就是社会中的一个团体。因此,在宽泛意义上,国家对于司法的治理,本身也是社会变迁的一个侧面。

1.3　研究方法与可能的创新

1.3.1　研究方法

毋庸讳言,基于研究对象的需要,本书主要使用的是法社会学(sociology of law)的研究方法。关于什么是法社会学,研究者从不同的视角进行过定义。笔者较为赞同郭星华教授所提出的定义:法社会学,是一门社会学和法学的交叉学科,也是运用社会学的理论和方法研究法律问题、分析法律与社会关系、探讨法律在实际运行过程中的内在逻辑与规律的社会学分支学科。① 在此意义上,法社会学是一门借助社会学方法研究法律现象的学科。然而,社会学的理论与方法的多元性决定了法社会学不可能只有一种理论与方法,如就理论而言,法社会学中就出现过"功能论""冲突论""法律多元论""法律实践论"等研究视角,在研究方法上也存在着多种独立的主题。② 总体而言,法社会学研究方法包括定性、定量以及"定性—定量"三种研究途径。

定性与定量的分野,从社会学的研究初始阶段既已呈现。在社会学研究的早期,韦伯的"理想类型法"(idea-typical methods)属于定性研究的典型,而涂尔干的《自杀论》则开创了定量研究的先河。关于定性与定量研究的区别,学者有着较为经典的论述:"'定性'一词意味着一种对实体的性质和过程的强调,同时,其含义不能通过实验来考察,也不能以量、数字、强度或者频率来测量。定性研究者强调现实的社会建构,强调研究者与他所研究的对象之间的密切关系,强调研究问题受情境的限制。这种研究者强调研究的价值承载性质。他们寻求这些问题的答案,即强调社会经验是如何被创造出来并被赋予意义的。与此相反,定量研究强调变量间因果关系的测量和分析,而不是全过程。这种研

---

① 郭星华:《法社会学教程》,中国人民大学出版社 2011 年版,第 5 页。
② 按照学者 Blumer 的归纳,社会学研究方法可以区分为三个独立的主题:一是与科学哲学直接联系的一般方法论;二是研究策略,即指设计与实施特定的实证方法以及在使用这些方法时所体现的关于社会学研究工作的思想;三是问卷设计、统计方法等调查研究技术。参见:Blumer M. Sociological Research Methods. London:Macmillan,1977:4-5.

究的拥护者声称,他们的工作是在一种与价值无涉的框架内完成的。"①然而,在法社会学的实际研究过程中,定量研究和定性研究并非截然分离的。在多数情况下,两者之间总是存在着交叉。"所有的研究都有定性的维度,即阐明概念性的类别——一个个有意义的单元;所有的研究都有定量的维度,即测量那些单元的等级或数量范围。"②随着社会科学的发展,社会研究方法领域开始出现综合使用两种方法的"定性—定量"研究法。③

　　本书的研究对象为民事诉讼调解率这一数字,因而,在很大程度上,本书属于法社会学中的定量研究。④ 然而,定量研究的方法,本身是为了使得关于法律现象的解释更为科学与精确。在定量研究的过程中,首先面临着概念的操作化问题,这一环节无法避免研究者的主观价值判断。因此,在法社会学研究中,即使是偏重于定量分析的研究课题,也必然会在研究的过程中交织着定性研究。具体至本书而言,在研究的初始阶段,笔者根据自己对调解的法律实践观察和对相关文献的整理归纳,建构了一个关于调解变迁的分析框架,这一过程当然属于定性研究的范畴。⑤ 在此意义上,本书关于民事诉讼调解率的研究并不是一个绝对的定量研究。

1.3.2　可能的创新

　　在本书的写作之初,就开始陈述其创新之处,本身就是一个悖论。其中的

---

　　① [美]诺曼·K.邓津、伊冯娜·S.林肯:《定性研究(第 1 卷):方法论基础》,风笑天等译,重庆大学出版社 2007 年版,第 11 页。更多关于定性研究与定量研究的区别以及两者之间存在的张力的表述,可参见:Becker H S. The Epistemology of Qualitative Research//Jessor R, Colloy A, Shweder R A. Ethnography and Human development: Context and Meaning in Social Inquiry. Chicago: University of Chicago Press,1996:53-71;[美]纽曼:《社会研究方法:定性和定量的取向》,郝大海译,中国人民大学出版社 2007 年版,第 23 页。

　　② [英]戴维·萨顿:《社会研究方法基础》,陆汉文译,高等教育出版社 2008 年版,第 43 页。

　　③ [美]克雷斯威尔:《研究设计与写作指导:定性、定量与混合研究路径》,崔延强译,重庆大学出版社 2007 年版,第 164-179 页。

　　④ 在我国,关于法律的定量研究方法。不同的学者基于各自研究的视角对之进行了归类,有的将之归入法律的实证研究范畴,有的将之归入法律计量学的研究范畴。参见白建军:《论法律实证分析》,《中国法学》2000 年第 4 期;白建军:《少一点"我认为",多一点"我发现"》,《北京大学学报(社会科学版)》2008 年第 1 期;屈茂辉、张杰:《论计量方法在法学研究中的应用》,《浙江社会科学》2009 年第 3 期;《计量法学本体问题研究》,《法学杂志》2010 年第 1 期。

　　⑤ 韦伯创立的理想类型分析法,为达玛什卡所继承。在其著作《司法与国家权力的多重面孔——比较视野中的程序法》中,达玛斯卡对司法与国家权力的关系进行了深入而细致的分析。这种经典的研究对笔者产生了重点影响。参见[美]米尔伊安·R.达玛什卡:《司法与国家权力的多重面孔——比较视野中的程序法》,郑戈译,中国政法大学出版社 2004 年版,第 131-135 页。

缘由在于,社会科学研究中,并不能在一开始就确立研究的结论。胡适所谓"大胆假设,小心求证",假设并不能够等同于结论,也不能等同于真理,这种假设必须要经受住求证过程的多重分析与验证。在研究过程中,研究对象所反馈的数据,甚至有可能颠覆研究者最初的假设。基于这一考虑,笔者认为本书可能的创新之处在于以下几点:

其一,本书尝试建构一个解释中国民事诉讼调解率变迁的分析框架。从一定意义上看,法院调解一直存在于我国的司法运行体系之中。在不同的历史时期,调解所发挥的作用也有所不同。作为反映法院诉讼调解的指标,调解率从数量上反映了我国法院运行过程中调解的被利用程度。正如后文所要描述的,改革开放以来,中国的民事诉讼调解率呈现出从高到低,再缓慢回升的变化过程。在这一变迁过程中,哪一种因素在推动诉讼调解的变迁,其影响过程如何,都值得深入研究。基于这种考虑,笔者试图建立起一个"当事人—法院—国家治理"的分析框架。通过考察社会变迁过程中,诉讼当事人与法院、国家治理之间的互动关系,找寻中国民事诉讼调解的变迁密码。

其二,本书可能在研究方法上有所创新。与以往的大多数关于法院调解的研究相比较而言,本书主要侧重于通过对司法统计数据的整理,从而形成中国民事诉讼调解率变迁的基本描述和解释。"定量化是当代社会科学研究的重要趋势之一……定量研究虽然仅属于研究方法的问题,但它实际上已经成为中国社会科学与国外社会科学研究的最主要差距之一。"[①]就调解制度本身而言,由于其扎根于中国的司法实践,需要我们从实证的角度对调解的具体运行进行分析和考察。单纯的价值分析或者规范分析,往往导致对诉讼调解的分析流于表面,而面临无法深入的尴尬与困境。有鉴于此,本书主要利用了《中国统计年鉴》《中国法律年鉴》《全国人民法院司法资料统计历史资料汇编(1949—1998)》、《最高人民法院公报》等资料所披露的司法统计数据,对民事诉讼调解率进行了宏观式的描述,并在此基础上,对合同纠纷调解率、离婚纠纷调解率的变迁进行了较为深入的分析。

其三,本书可能在研究内容上有所创新。在已有的研究中,学者指出了司法政策转变有可能是民事诉讼调解率缓慢回升的原因。然而,关于民事司法政策影响调解率回升的过程,则往往语焉不详。在本书将要展开的研究中,笔者将重点就民事司法政策如何最终转变为个体法官的行动力量(或者说如何激励

---

① 白建军:《少一点"我认为",多一点"我发现"》,《北京大学学报(社会科学版)》2008 年第 1 期。

法官调解)这一过程,进行进一步的分析。同时,笔者也将重点对国家治理如何影响调解率变迁进行探讨。就笔者已有的观察而言,国家关于司法的治理,并不是处于一直稳定的状态,在中国改革开放的 30 余年中,国家治理焦点在不同阶段的变化,必然会对尊奉"服务大局"观念的法院产生影响。而国家治理焦点的变化,在一定程度上也是对社会需求的一种反应。在此意义上,以当事人为核心的社会、国家治理以及法院之间形成了一个相互影响、相互塑造的循环体系。

上述所谓的创新,只是一种可能。它们能否最终转变为真实的创新,还需要笔者的努力。当然,它最终取决于读者的评判。

第 2 章　多重逻辑下的调解制度变迁

——一个初步的分析框架

调解制度是我国司法制度的一个重要组成部分。在中国社会跌宕起伏的历史变迁中,调解呈现出各种各样的面孔。这项古老的制度,具有顽强的生命力,它不仅没有随着中国的现代化而消失,反而在中国社会的变迁过程中起着巨大的润滑作用。因此,在解释调解制度的变迁时,我们必须放宽历史的视界,从多个维度来分析、理解与阐释它。

2.1　制度变迁中的多重逻辑

制度变迁属于社会变迁中的重要概念。根据著名法社会学家史蒂文·瓦戈(S. Vago)对社会变迁的宽泛定义,社会变迁(social change),指的是一种社会变化过程,在这一过程中,社会有计划或者无计划地发生量变或者质变。这种现象可以从五种相互联系的角度加以观察:身份(identity)、维度(level)、期间(duration)、幅度(magnitude)、频率(rate)。[①] 有的社会学家将社会变迁的范围缩小至社会结构的变迁。例如,日本学者富永健一就认为,"所谓的社会变迁,就是通常难变的东西发生变化。这就意味着:被称为社会变迁的,是特别根本性的变迁"。[②] 其一,在我们看来,社会变迁,首先是表明它是一个以时间为尺度的抽象概念。一般来说,社会变迁往往涉及较长的一段时间。短时间内发生的变化,我们很难称之为社会变迁。其二,社会变迁表明,在长时段的演化过

---

① Vago S. Social Change. 5th edition. London: Pearson Education, 2004:10.
② [日]富永健一:《社会结构与社会变迁——现代化理论》,董兴华译,云南人民出版社 1988 年版,第87-88 页。

程中,社会发生了重要的变化。这种变化,并不一定就是辩证法所说的质变,也有可能是长期性的量变。基于上述两点考虑,笔者在"长时段内社会所发生的重要变化"这一意义上使用社会变迁一词。

在社会的诸多构成中,制度属于最为坚实和稳定的部分。这是因为,一个内生性制度的形成,本身就是社会变迁过程中诸多因素合力形成的结果。[①] 换言之,我们所观察到的制度,虽然可能不是最为完美的制度设计,或者说可能不太符合我们的理念想象,但它可能是与周边环境压力最相契合的制度安排。就拿我们接下来将要讨论的调解制度来说,在乡土社会,调解属于村民自我解决纠纷的一种重要方式。这种方式,深度地契合了当时的以"熟人"为标志符号的社会结构。更进一步而言,在熟人社会中,人们的自我调解比之司法判决,其所具有的非对抗性、互惠性特点更有助于修复乡土社会的交往秩序,从而保持乡土的安宁生活。由于制度深深地嵌构于社会之中,导致制度本身必然随着社会的变迁而有所变化或调整。在此意义上,我们可以将这种变化(或调整)称为制度变迁。[②]

在诸多研究制度变迁的学术著作中,学者们普遍关心的问题是,如何科学地解释制度变迁过程,也就是寻找导致制度变迁发生的因果机制。由于社会现象具有复杂性,要科学、准确地寻找到制度变迁的因果机制是一件非常艰难的任务。正如美国学者维尔伯特·E. 摩尔(W. E. Moore)所言:"当提及'社会变迁理论'时,大多数的社会学家会变得警惕、避让、惭愧或者恐惧。导致这种不自然表现的部分原因在于,社会变迁理论的难以建构性。"[③]回顾社会变迁的研究史,我们可以发现,关于社会变迁的理论总是处于一种建构与否证的不停循环过程当中。传统的社会学变迁分析理论,如现代化理论、"结构—功能"理论、冲突理论等,都能在一定程度上解释社会变迁,但是也都面临着一些不能解释的问题。导致不能解释或者解释无力的根本原因在于,社会现象具有高度的复杂性。正如学者所说:"社会变迁过程是复杂的、充满偶然性的,大多数的传统社会变迁理论都未能对社会变迁过程的复杂性做出适当说明,具有极大的局

---

①　在这里,内生性制度是相对移植性制度而言的。

②　需要注意的是,本书所使用的制度变迁,与制度经济学所使用的制度变迁有所不同。在制度经济学的分析语境中,制度变迁是指新制度产生、替代或者改变旧制度的动态过程。在本书中,调解与判决虽然存在着竞争,但是两者都是法院行使审判权的工具,并不存在着绝对的效率优劣。

③　Moore W E. A Reconsideration of Theories of Social Change. American Sociological Review, 1969, 25(6):810-818.

限性。"①宏大理论建构的失败或者否证,在另外一重意义上也说明了社会科学中并不存在着放诸四海而皆准的通用真理。这也就意味着,任何的理论都有着其适用的边界,在研究的过程中,研究者必须时刻注意给自己的研究做一个讨论范围上的限定。在笔者看来,越是想建构一个解释领域宽阔的理论,那么它的思考的取向就越倾向于简单化。极简模式下的解释理论,已经脱离了特定的社会情境(社会行为、社会组织),变得面目模糊不清,难以让人有亲近感。鉴于古典社会学在社会变迁解释理论构建中存在的不足,20 世纪 70 年代以后的社会学家往往不再从事社会变迁的重大理论建构。对于社会变迁的解释,也日益走向具体化和碎片化。对于这种变化,学术界往往称之为中层理论。

按照创立者默顿(R. K. Merton)的阐述,"中层理论"是一种介于宏观与微观之间的一种理论研究方法,它"既非日常研究中大批涌现的微观而且必要的操作性假设,也不是一个包罗一切、可以解释所有我们可以观察到的社会行为、社会组织和社会变迁的一致性的自成体系的统一理论,而是指介于两者之间的理论"②。中层理论较好地处理了宏观与微观两个方面的问题,只涉及有限的社会现象,克服了宏观理论言之无物和微观描述缺乏理论概括的缺憾。正如后世学者所评价的那样,中层理论有效地克服了理论研究与经验研究、全球性理论与地方性知识、外来理论与本土文化、社会科学知识的有效性与开放性之间的紧张。③ 中层理论提出后,受到学术界普遍的欢迎,逐渐被社会学以外的其他学科所接受。中层理论的普及,对社会科学思维方式产生了巨大的影响。由于中层理论注重经验证据的分析和整理,这也就决定了它必然需要关注理论产生的具体环境。这种具体化的过程,使得研究者认识到,蕴含在社会现象之后的影响因素是复杂的,是多重机制综合作用的结果。例如,诺斯(D. C. North)和托马斯(R. Thomas)在其制度变迁名著《西方世界的兴起》(*The Rise of the*

---

① 谢立中:《社会变迁过程中的复杂性》,《首都师范大学学报》2003 年第 2 期,第 92 页。

② [美]罗伯特·K. 默顿:《论理论社会学》,何凡兴等译,华夏出版社 1990 年版,第 54 页。默顿对古典社会学的批评亦相当尖锐,参见第 72 页:"社会学理论的发展表明,侧重中层理论的研究是极其必要的,尤其应注意的是从综合概念体系推导出的具体社会学假设是多么稀少,多么零散,且多么令人难以信服。不提倡对初看上去似乎无多大联系的理论进行整理,而一再提议建立一个包罗万象的理论,殊不知建立综合理论的提议脱离了已得到证实的专门理论,仍然是一个空幻的计划。"

③ 毛丹:《社会学研究中的中层理论关心》,《浙江社会科学》2006 年第 5 期,第 19-23 页。

Western World)一书中,对西方世界的兴起,采取了效率机制来加以解释。[①] 然而,诺斯在其后不得不承认,自己的解释理论过于单一化,忽视了效率机制之外的作用机制(如既得利益群体的干预)。他发现:"统治者按照他们的利益来制定规则,因此高交易成本导致效率低下的所有权盛行。"[②]受既得利益群体的干扰,原本应受效率机制支配的所有权配置研究轨迹,却因既得利益群体的立法干预而改变了方向。

制度变迁很少只有某一机制在起作用,而常常涉及多重制度逻辑和过程。而且,在与其他机制的相互作用中,某一具体机制影响的程度和方向也可能发生很大变化。[③] 作为一项法律制度,如同所有权制度变迁一样,调解制度变迁的背后,也存在着多重逻辑作用的影子。在笔者看来,调解制度具有高度的开放性。从人民调解、行政调解到司法调解,调解的各种形式,构造和型塑了中国正式制度与民间习惯之间的广大空间地带。在社会的变迁过程中,既存在着人民利用调解进行解纷的需要,也有着国家通过调解进行社会治理的要求,还存在着作为调解组织者与主持者的法院、行政机关的合法化需求。在不同的历史时期,各种需求彼此之间存在着合作与分歧,在有的时期,调解被当作一种自我解纷的方式;而在有的时期,调解被视为缓解国家正式制度与民间风俗冲突的工具。在这种变迁过程中,国家的治理对调解进行了改造,而民间的需求也推动了国家正式制度的自我调整。在此意义上,我们可以说,在制度变迁的过程中,多重的逻辑构成了调解变迁的内在变量。

2.2 调解制度变迁中的当事人逻辑

在教科书中,对于进入法院的社会主体,诉讼法将之统一称为"当事人"。

---

① North D C, Robert Thomas. The Rise of the Western World. Cambridge:Cambridge University Press,1973.

② North D C. Institutions, Institutional Change and Economic Performance. Cambridge:Cambridge University Press,1990:7.

③ 社会科学追求简约(parsimonious)理论模型的倾向限制了研究者的理论视野和想象,对这些已有模型与实际发生过程之间的偏差和距离视而不见。正因如此,社会科学诸多理论对正在发生的制度变迁过程没有令人满意的解释能力,也没有对制度变迁研究起到有益的指导作用。这一领域中的学者在其研究中常常不得不勉为其难,临时拼凑分析工具和理论观点来解释这些现象。参见周雪光、艾云:《多重逻辑下的制度变迁:一个分析框架》,《中国社会科学》2010年第4期。

当事人这一称谓,剥离了诉讼行动者的社会背景。然而,法律对进入法院要求法律裁判的人群所使用的技术化手段,并不能够从根本上消解诉讼行动者的社会结构。在诉讼过程中,他们有着各种各样的动机与需求,也会有各不相同的表现。调解作为法院诉讼过程中的一个场域,当事人在调解中所占据的位置及其内在支配逻辑,对调解的成败和调解率的高低均具有重要的影响。正如苏力教授所言:"书面上的制度可以单方用文字规定,但运行中的司法制度却一定是审判者和诉讼人共同构成的。"①然而,长期以来,我国的法学研究者并不十分注重对当事人的研究。对于当事人在调解中的策略,多采取一种"中国人厌讼"的文化解释。诚然,文化作为一种制度环境,对人的行为进行了前提性的塑造。但是,这并不意味着,文化是与生俱来、一成不变的。历史研究亦表明,在中国的历史上,中国人并不是天然地厌恶诉讼,以争讼为耻。只是客观经济环境及为政者对无讼的导引,压制了人们利用诉讼解决纠纷的需要。②

民事纠纷的当事人,虽然在审判的过程中被简化为一个原告或者被告的符号。然而,在诉讼之前、诉讼进行过程中、法院文书的执行等流程中,他及他身后的社会无时无刻不在起着调整的作用。正如日本著名法社会学家六本佳良所言:"纠纷当事人是社会构成人员,从属于不同集团,存在于社会关系的网络中。当事人的思维方式和社会行为既接受社会关系的影响,又以集团归属和社会关系为媒介与对方结成某种社会关系……这种情况可以表述为纠纷具有'社会性维度'。不考虑社会维度,就不能够完全理解纠纷这种现象,也不能够理解法现象。"③例如,在 20 世纪 80 年代,人民利用法院的民事程序,主要是为了解决婚姻家庭问题,更进一步而言,是为了解除婚姻关系。由于婚姻关系与社会的结构存在紧密的联系,往往涉及更多的人群范围。在离婚案件的争讼过程中,往往卷入当事人的亲属、单位等。在这种环境下,无论是发起诉讼的原告,还是被动应诉的被告,都面临着来自家庭的压力。这种社会结构和社会环境,为法院创造了调解的条件,在一定程度上导致了离婚案件调解率居高不下的情景。

在笔者看来,诉至法院,向法院寻求帮助的当事人,本身就面临着多重选择。作为一个理性的行动者,当事人在纠纷诉讼过程中,在面对调解、判决、撤

---

① 苏力:《司法制度的合成理论》,《清华法学》2007 年第 1 期。
② 何勤华:《泛讼与厌讼的历史考察——关于中西方法律传统的一点思考》,《法律科学》1993 年第 3 期,第 10-15 页。
③ [日]六本佳平:《日本法与日本社会》,刘细良译,中国政法大学出版社 2006 年版,第 48 页。

诉等行为方式选择时,必然要做出一种得与失的利益衡量。这种利益的衡量,既包括经济利益的盘算,也包括物质利益以外的考量。在经济纠纷中,当事人的目的在于经济利益的最大化。在这种逻辑的主导下,当事人对调解、判决等结案形式的选择,必须考虑这些结案形式所能带来的"好处"。正如笔者后文将要分析的,调解是一种以让步或者妥协换取对方的履行的过程,而判决则是全有或者全无的结果,两者蕴含的诉讼风险不可同日而语。换言之,在调解的博弈过程中,原告方所期待的最低经济利益必须与被告方所能允诺的最高利益相一致,否则调解难以达成。同时,在经济纠纷中,争讼标的金额的大小,对于当事人是否接受调解也有着巨大的影响。通常来说,在一件标的金额仅为一千元的讼争中,当事人对于退让百分之二十,是可以接受的。但是,如果标的金额达至一亿元,那么即使是退让百分之十,在当事人看来可能也无法接受。

　　在不以经济利益为中心的民事纠纷中,当事人的调解逻辑更为复杂。例如,在一些社区纠纷中,当事人对于调解和判决的选择是矛盾的。一方面,他们希望通过国家的法律系统获得对自己的合法性(正当性)支持;另一方面,他们又希望能够化解来自社区的压力。美国学者梅丽对美国低收入阶层的原告当事人的社会及文化背景进行了深入的分析。她发现,低收入阶层的美国人,并不是在遇到问题之后就急切地跑到法院去求助。他们往往将上法院作为无奈之下的最后手段。上法院打官司,对当事人来说意味着是深思熟虑之后的行动,因为这样做可能会激怒对方从而使冲突进一步升级。除非当事人感到他们坚守的一些重要原则受到了威胁,否则他们是不会上法院的。因此,对这些当事人而言,他们的行动目的,是寻求一个能判定孰对孰错的权威。[①] 在中国的乡村,也存在着类似的现象。在农村,邻里关系是村民们相互依赖的最重要的关系。处在一个村子中,邻里乡亲被各式各样的关系网交织在一起,比如互借农具和日常用品,农忙时互助合作,闲时互相串门,逢年过节互相走访,遇到困难时互相支援等,同一个村子里的村民关系非常重要,谁破坏了这种关系,谁就有可能失去生存的外在环境,谁就可能陷入被动,正所谓"亲帮亲,邻帮邻,远亲不如近邻",这些交错的关系使得调解在乡土社会中,能以横纵的立体方式贯穿

---

① [美]萨利·安格尔·梅丽:《诉讼的话语——生活在美国社会底层人的法律意识》,郭星华、王晓蓓、王平译,北京大学出版社 2007 年版,第 231 页。

整个纠纷解决过程并对那些已达成某种默契的"风俗习惯"予以适度的确认。①

通过上述分析,也许我们可以在这些逻辑中,找到一个归纳当事人行动逻辑的关键词:"关系"。这种关系,并不是一种贬义词。在本书中,"关系逻辑"意味着当事人就维持或者结束一个或一组社会关系所进行的得失考量。在婚姻家庭纠纷中,"关系"意味着当事人之间具有生活上的密切联系以及彼此之间生活范围的重叠。在经济纠纷中,"关系"意味着当事人之间仍然具有紧密的商业合作关系。这种社会关系本身的性质,决定了案件的可调解度。在此意义上,"法律和社会的关系是互相建构的,法律和社会互相塑造和定义。在法律和社会能被区分开的各自领域里,法律体系定义了社会关系和权力系统,而社会决定了法律体系运行的方式。这种在法律和社会之间建立关系的观点,正是法律社会学理论的基础"。②

2.3 调解制度变迁中的法院策略逻辑

在调解的行动结构中,法院占据了一个非常有利的位置。那么,法院是否只是一个单纯的审判组织,只以公平正义作为其行动的逻辑呢?从法院的实际表现来看,它尚离这种预设的角色相去甚远。正如学者所指出的那样,我们的法院总是在扮演着为不同时期不同的"中心工作"服务的角色。法院的日常运作具有浓厚的行政化色彩,其司法管理的官僚化和行政化,严重限制了法院司法功能的发挥,实际上是以行政的逻辑代替了司法的逻辑。③ 在此意义上,中国的法院运作与西方法治理念中所传递的"消极、中立裁判纠纷"的法院形象,有着明显的差异。④

在笔者看来,中国当下的法院是一种在司法逻辑与行政逻辑双重支配下的司法组织。所谓司法的逻辑,简单而言,就是法院的运行应当遵照司法的基本

① 邹郁卓:《从民俗习惯个案的角度审视法院调解的功能与限度》,《法令月刊》2011 年第 12 期,第 237 页。
② [美]萨利·安格尔·梅丽:《诉讼的话语——生活在美国社会底层人的法律意识》,郭星华、王晓蓓、王平译,北京大学出版社 2007 年版,第 2 页。
③ 贺卫方:《中国司法管理制度的两个问题》,《中国社会科学》1997 年第 6 期,第 122 页。
④ 当然,西方的一些实证研究也发现,美国联邦最高法院也不只是一个解决纠纷的法院。美国联邦法院通过选择性地审理重大的政治案件,以展现其对政治的影响力。在此意义上,美国联邦法院也是一个政治性法院。

规律。这种司法逻辑,主要包括以下几个方面:其一,法官应当具有审判案件的知识与技能,此谓职业化;其二,法官应当秉持客观公正的职业伦理审判案件,此谓公正化;其三,法官应当恪守法律及其规定的程序,此谓守法化。在这种司法逻辑支配下,法院应当消极地应对当事人所提出的诉讼。对于所审理的民事案件,是否调解,应当以当事人的提出为前提。

　　所谓的行政化,也就是韦伯所说的官僚制(bureaucracy)。通常认为,官僚制是一种建立在等级服从基础上的专业分工,是一种高效的组织方式。有的研究者认为,法院呈现出这样一种格局,与我国的集权体制有着密切的关系。如一位地方法院的负责人在国家法官学院举办的一次研讨会上就"法院参加联合执法"现象所做的发言:"联合执法对法院来说肯定是不合适的。但是我们法院是地方的法院,对地方安排的工作,我们作为地方法院是身不由己的,党委或者地方政府交代的事情,我们不能推掉,也推不掉。"①这一观点,将法院的行政化、地方化,归因于体制安排,有着很深刻的道理。但是,他并没有就导致法院行政化的体制安排做进一步的点透。在笔者看来,法院之所以具有行政化的运作逻辑,其关键在于其行政化的人事管理制度。"中国法院的人事管理制度不仅是整个司法制度的基础和核心,其改革成败更是中国此轮司法改革能否成功的'胜负手'。"②就目前而言,我国法院的认识管理制度,还呈现出"同构性"和"双轨制"并存的逻辑。所谓同构性,是指对于各级、各地的普通法院,都发展出一套数字化的业绩考评体系,普通法官的薪酬、晋升与这一考评体系挂钩。而双轨制,则是指在同一法院内部,出现了两套不同的评价体系,普通法官与法院的领导干部的选拔标准和考核要求有着明显的不同。③ 值得注意的是,对法院领导干部进行考核评价时,分为两种情况:对于庭长、副庭长的考核,主要由以法院院长为首的考评委员会进行;而对以院长为核心的法院领导班子的考核,则是由上级法院和同级地方党委共同进行。通过这种人事安排,我国的法院系统建立了与其他行政机关并无二致的人事制度。

---

　　① 毕玉谦:《司法审判动态与研究》(第 3 卷第 2 集),法律出版社 2007 年版,第 9 页。

　　② 可以看到,自民事审判方式改革以来诸多司法改革的热点问题,比如审判委员会制度、统一司法考试、审判长选任、人员分类管理等,无一不涉及法院人事管理制度的安排和变革。而改革以来,诸多或者前后矛盾或者无法得到有效实施的具体举措,又或多或少地和法院人事管理制度的改革紧密相连。参见艾佳慧:《社会变迁中的法院人事管理——一种信息和知识的视角》,北京大学 2008 年度博士论文,第 5-6 页。

　　③ 对于普通法官而言,其业绩的标准体现为业务能力。而对法院领导干部而言,则是"一岗双责",既包括业务能力,又包括队伍建设,实质上是一种政治考核。参见艾佳慧:《中国法院绩效考评制度研究——"同构制"和"双轨制"的逻辑及其问题》,《法制与社会发展》2008 年第 5 期,第 70-84 页。

通过上述分析,我们可以发现,我国法院的行动逻辑中,交织着审判逻辑与行政逻辑。一方面,它必须对来自民众的司法诉求予以回应,以保证其存在的合法性和正当性。另一方面,它还必须服从来自政治决策层的整体安排,即所谓的服从大局,为"中心工作"服务。这两种逻辑,在法院改革的各个阶段,相互之间的关系呈现不一。在政治较为开放,或者政治控制较为放松的阶段,审判的逻辑可以得到有效的释放。而当政治的逻辑与司法的逻辑发生冲突时,司法的逻辑往往让步于政治传达下的行政逻辑。事实上,无论古今中外,法院的组织体系中,都存在着审判和行政管理的组织架构。组织不是一个封闭的系统,而是处于社会环境、历史环境之中的一个有机体。组织的发展演变是一个自然的过程,是不断适应周围的社会环境的产物,而不是人为设计的结果。从这个意义上来讲,组织是一个制度化的组织。①

在司法实践过程中,法院往往策略性地使用这两种逻辑。比如,从 20 世纪 90 年代起,法院自身发动的司法改革计划,就是一项以西方现代司法审判制度(尤其是对抗式模式)为参照的职业化变革。② 在这种逻辑下,调解被视为是一种与现代法治相悖的审判方式。大量诉讼案件进入法院,使得法院的案件压力陡增。传统的调解结案方式,无法实现审判效率的提高。在提高司法效率的语境下,判决获得了更高的话语权。法官在审判案件时,为了节约时间,提高结案的效率,往往采取一步到庭的方式进行审判。然而,进入新世纪后,因为司法改革效果不佳,加上来自中央和谐社会的政治主张的提出,法院为了获得政治上的业绩(或者说讲政治),在法院推行调解优先的政策。在笔者看来,可以将法院系统这种逻辑变换的方法,称之为策略主义。

2.4 调解制度变迁中的国家治理逻辑

在调解率变迁过程中,还有一种重要的因素不能忽视,那就是来自国家的治理逻辑。治理(governance),是一个政治学术语,一般指的是"协调社会生活

---

① 周雪光:《组织社会学十讲》,社会科学文献出版社 2003 年版,第 70 页。
② 尽管现在看来,当初对西方一些制度的模仿与移植存在着这样或者那样的问题,但它们确实改变了中国的司法面貌。

的各种方法和途径"。在诸多治理形式中,最为人所关注的是来自国家的治理。在此意义上,国家治理,指的是"在国家层面上运行的用来维持秩序和促进集体行动的正式制度过程"①。在中国的具体语境中,"建设和谐社会""维护社会稳定""以经济建设为中心""大调解"等政治词语,都反映了来自国家层面的治理关注。在中国的历史传统中,就有着"治大国如烹小鲜""修身齐家治国平天下"等关于治理的观念和意识。换言之,治理一词,实际上指的是国家层面关于如何有效管理社会的一种手段和策略。②

"国家治理结构包括法律、政策与关系规则之三元组合,三者之间存在着互补、替代与转化关系。"③作为国家治理的重要一环,法律也成为工具化的手段。在西方的语境下,国家对民事活动的治理,主要通过法律的制定和修改来进行。其原因在于西方的社会结构已经相对稳定,国家对社会的治理需要借助立法这一共同价值确认体系来进行。正如有学者所说,法律为了及时反映社会变迁并满足新的需求而加强规范修改的可能性,这种应变能力就是现代法治的一个基本特征。④ 在我国,由于转型时期的社会阶层变动剧烈,社会共识或者共同价值观念尚未定型,加之立法的天然滞后性,通过精细化的立法无法应对社会变迁过程中出现的风险。因此,在国家的治理过程中,政策成为非常重要的依仗。⑤ 笔者将这种着重政策的治理机制,称为政策实施性治理。

通常的意义上,法院被认为是诸多国家机构中对政府权力威胁最小的部门。⑥ 在大陆法系国家,尤其是中国,司法系统对政府部门尚不能构成足够的威胁。⑦ 那么,为何国家要关注司法,将司法纳入国家治理的重要环节? 关于

---

① [英]安德鲁·海伍德:《政治学核心概念》,吴勇译,天津人民出版社 2008 年版,第 22-24 页。

② 在西方的语境下,治理的兴起,意味着"社会的复兴与国家中心主义的衰落"。参见徐月倩:《治理的兴起与国家角色的转型》,浙江大学 2009 年度博士论文,第 55-58 页。

③ 张建伟:《国家转型与治理的法律多元主义分析》,《法学研究》2005 年第 5 期,第 96-109 页。

④ Galanter M. The Modernization of Law//Meiner M. Modernization: The Dynamics of Growth. New York: Basic Books Inc. ,1996:170.

⑤ 这并不否认立法在当代中国治理过程中的重要作用。就目前的实践来看,国家通过加强对人民调解法、劳动仲裁法等与调解有关的法律的制定与修改,以达到强化调解的目的。

⑥ Alexander M B. The Least Dangerous Branch:The Supreme Court at the Bar of Politics. New Haven: Yale University Press,1962:16. 中译本参见亚历山大·M.比克尔:《最小危险部门——政治法庭上的最高法院》,姚中秋译,北京大学出版社 2007 年版。

⑦ 当然,在行政诉讼中,政府部门成被告,甚至是败诉,其信誉会受到一定的影响。但是在行政审判的实践中,大量民告官的案件以"法院出面协调,原告撤诉"的方式结束,从另外一个角度说明了法院在政治生态结构中的附从地位。参见吴英姿:《司法过程中的"协调"——一种功能分析的视角》,《北大法律评论》2008年第 2 期,第 478-496 页。

这个问题,有学者将之归因于缔造中国司法新传统的陕甘宁边区大众化司法。在这种大众化司法传统的形成过程中,"来自司法系统之外(边区党和政府的领导与普通民众)的声音和动力,远远大于司法系统之内"①。关注民众的意见,争取民众的支持,是中国共产党最终取得革命胜利的不二法宝。在革命战争年代,司法调解也被用来缓和激进的革命政策与保守的乡土风俗之间的冲突(尤其是婚姻纠纷)。在这个循环过程中,国家领导层通过民众获得对司法的评价,从而进一步将之作为治理司法的基本依据。换言之,在国家领导层和社会普通大众之间的互动过程中,所有的国家机构(包括司法体系)都被当作一种治理社会的工具。国家政权建立后,国家运行常态化,这种治理的逻辑并没有随之隐退。与之相反,国家与社会的这种互动,被以"走群众路线"为名成为执政党的重要传统而得到继续。

在中国社会的变迁过程中,国家治理的逻辑发生了多次的转变。从 20 世纪六七十年代的阶级斗争逻辑,到八九十年代的经济建设逻辑,这些治理逻辑的转变对法院的影响巨大,前者几乎彻底地摧毁了司法,而后者则对法院的重建与扩张起到了根本性的作用。在一定程度上,可以说,法院的审判方式改革,在很大程度上就是打着"为经济工作服务、与世界接轨"的旗号。当下的中国正处于国家转型的关键时期,为了应对"转型过程必然出现的社会矛盾突起、社会问题迭起、社会形势多变",保持社会的和谐与稳定成为国家领导层确定的主要治理目标。② 为了实现这一治理目标,党和政府的司法政策趋向于"司法承担起改造社会、缓和当前社会矛盾、避免人民内部矛盾冲突升级、保护弱势群体的政治功能"③。易言之,在国家治理结构中,法院被课以"化解社会矛盾"的政治任务。法院与检察、公安、司法行政、政府法制机构、信访部门等其他行政机构,一同构成了政法委领导下的社会矛盾化解平台。

由于人民调解、行政调解在处理纠纷过程中,具有缓和矛盾的特殊功效。调解被视为建设和谐社会、维护社会稳定的重要工具。由此出现了我们现在看到的"大调解、能动司法"的局面。所谓大调解,就是要求充分发挥人民调解、行

---

① 侯欣一:《从司法为民到人民司法:陕甘宁边区大众化司法制度研究》,中国政法大学出版社 2007 年版,第 257 页。

② 《中共中央关于构建社会主义和谐社会若干重大问题的决定》(2006)指出:"我国已进入改革发展的关键时期,经济体制深刻变革,社会结构深刻变动,利益格局深刻调整,思想观念深刻变化。"四个深刻,非常精辟地概括出了转型期国家的艰难。

③ 栗峥:《国家治理中的司法策略:以转型乡村为背景》,《中国法学》2012 年第 1 期,第 81 页。

政调解和司法调解在化解社会矛盾中的作用。在这一政治治理的逻辑视域中，调解获得了比判决更为明显的政治优势。由于政治"统帅"司法的惯性，以及法院在权力结构中的非核心地位，法院为了与其他行政机构进行政治话语竞争，或者为了应对来自政治场域的压力，调解被重新挖掘和阐释，而作为另外一种结案方式，判决则被有意或者无意地淡化。

2.5　本章小结

　　本章主要讨论了调解制度变迁中的逻辑。基于社会科学的复杂性，调解的制度实践中，虽然始终保持了其表现形式。但是在这一制度的使用背后，却存在着多重的逻辑。它包括当事人的关系逻辑、法院的策略逻辑和来自国家的治理逻辑。三者在不同的时期，对调解制度产生了各不相同的影响。当然，要具体地说明，哪一种逻辑在起着主导作用，是非常困难的。正如学者所说："法律的形式性手段在有意识组织社会变迁方面所能发挥的直接作用的局限，不是任何场合都能在一定的权力行使与一定的变迁结果之间确立明确的因果关系。"[1]

　　解释的困难，并不妨碍我们对此做一个初步的假设。在调解制度的变迁中，来自当事人的逻辑对调解产生了关键性的作用。这种作用机制表现为如下两个方面：其一，当事人的纠纷的性质，对案件的最终结案形式，具有重要的影响。其二，作为司法产品的消费者，当事人对法院审判的评价，最终会影响到国家的治理策略。[2] 当然，如胡适所说，"大胆假设、小心求证"，当事人的逻辑，是否在事实上支配着中国民事诉讼调解率的变迁，还需要我们通过经验和数据加以检验和证实。

---

　　[1] 季卫东：《宪政新论——全球化时代的法与社会变迁》，北京大学出版社 2002 年版，第 134 页。

　　[2] 例如，在一段时期内，法院的执行难与审限超时，曾引起中央的高度关注。原政治局常委、政法委书记罗干，就曾经公开说过，党中央对解决人民法院"执行难"问题高度重视……解决"执行难"问题，已经不是法院一个部门的事情，而是需要全党和全国各地各部门高度重视和共同努力解决的问题。《罗干代表党中央国务院强调全党全社会支持人民法院依法执行维护社会主义法制的统一和尊严》，《光明日报》1999 年 8 月 14 日。

第3章 民事诉讼调解率的当代变迁

3.1 作为司法统计指标的民事诉讼调解率

统计学(statistics)是数据收集、归纳整理、分析数据规律和解释数据的科学,也是研究人员合理地、灵活地应用统计学原理和方法,充分提取信息,深入解释事物客观规律的一种手段。也有学者将统计学归纳为"用以收集数据,分析数据和由数据得出结论的一组概念、原则和方法"[①]。

司法统计是指按照统计设计的要求,对法院的各项工作,主要是法院的审判活动所产生和形成的各种数据,以及与之相联系的其他社会现象的数量方面,进行记录、搜集、整理、分析、保存等活动过程的总称。司法统计是一种以数量表现、数量界限反映人民法院审判工作、法律实施情况和社会矛盾状况的调查研究工作。人民法院的司法统计是国家统计的重要组成部分,是法院科学化、规范化管理的重要工具。司法统计数据作为领导决策的重要依据,反映了法院执法工作的基础信息,它的准确性、可靠程度,是统计分析和统计研究可靠性、准确性的基础,也是整个统计工作质量的基础。

广义上的司法统计,通常包括司法统计工作、司法统计资料和司法统计科学三个方面。其一,司法统计工作,指搜集、整理和分析客观事物总体数量方面资料的工作过程,是司法统计的基础。其二,司法统计资料。统计工作所取得的各项数字资料及有关文字资料,一般反映在统计表、统计图、统计手册、统计年鉴、统计资料汇编和统计分析报告中。其三,司法统计科学,研究如何搜集、整理和分析统计资料的理论与方法。司法统计工作、司法统计资料、司法统计

---

① 吴喜之:《统计学:从数据到结论》,中国统计出版社 2006 年版,第 2 页。

科学三者之间的关系是：司法统计工作的成果是司法统计资料，司法统计资料和司法统计科学的基础是司法统计工作，司法统计科学既是司法统计工作经验的理论概括，又是指导司法统计工作的原理、原则和方法。

　　现代意义上的司法统计始于 17 世纪工业革命时期。工业革命促进了经济的大规模发展，却同时带来了一系列社会问题，如犯罪率的急剧上升，民事侵权案件的大量增加。对这些严重社会问题的关注促使统计分析、统计方法有了长足的进步。18 世纪，比利时数学家、天文学家、人类学家和统计学家凯特勒应用数理统计和概率论等统计方法研究犯罪问题，取得了许多开创性成果，被认为是司法统计的发端鼻祖。[①] 作为统计学原理的具体应用领域，司法统计在法律科学和统计学中具有重要的意义。通过对司法统计数据的搜集、整理和分析，有助于我们科学、合理地评价司法活动，并为司法决策提供科学依据。

3.1.1　司法统计意义上的指标

　　在司法统计中，指标是最为重要的一个概念工具。所谓指标（indicator），是量化研究的必要工具，是人们把集中概括和抽象反映社会现象的理论概念换成在实证研究中可以认知和识别的具体方法，是社会测量中使用的"量器"。指标，按照字面理解就是指示和标志，英文 indicator 本身就具有指示和标志的意义。因此，所谓指标，就是对一个抽象概念在经验上的具体说明，是用一组可以观察到的经验现象来"指示和标志"一个抽象概念。[②]

　　民事诉讼活动是我国法院日常工作中最为重要的一个部分。最高人民法院最新公布的司法统计数据表明，在 2010 年度，我国的民事案件占据了各类审结案件的 61.34％（见图 3.1），换言之，中国法院所处理的案件中超过 3/5 属于民事领域。大量的司法资源被投入民事纠纷的处理中。

　　按照统计学的原理，每一个进入人民法院的民事案件，都可以看作是一个统计描述个体（individual），从这个统计个体上，我们可以获取相关的特征（characteristic），统计学上称之为变量（variable）。[③] 正如俗语所说，世界上没有

---

　　① 在此之前，法国著名的思想家伏尔泰在 1772 年出版了一本名为《概率论用于法律问题》的书；法国数学家泊松在 1837 年写有《关于民刑审判概率研究的报告》。参见王彬：《法律统计实践与理论的产生和发展》，《统计与决策》1998 年第 3 期，第 44-45 页。

　　② 仇立平：《社会研究方法》，重庆大学出版社 2008 年版，第 153 页。

　　③ ［美］戴维·S. 穆尔：《统计学的世界》，郑惟厚译，中信出版社 2003 年版，第 3 页。

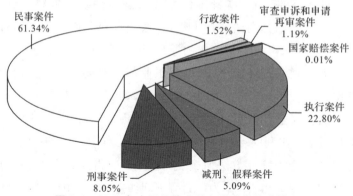

图 3.1　2010 年人民法院审结各类案件构成情况

两片完全相同的叶子,在民事司法领域,也不存在两个完全相同的民事案件。每一个民事案件都具有各自的变量,有些变量具有相同的属性,而有些变量则是独特的。具体而言,在司法统计中,一个案件就是一个"1",但是如果把案件还原到社会生活中去,我们会发现它有着丰富的含义。"首先,一个案件就是一组与诉讼有关的活动,包括法官的调解和判决,当事人的起诉与辩护,律师的代理等。其次,一般地说,案件是人们解决民事权益争议的最后的解决措施,因此,案件数量表明,社会上的权益争议在经过忍让、和解及其他非诉讼的调解之后,还有多少需要求助于法院,而法院的解决又具有以法律规则为根据、强制执行力等特征。最后,根据前一个特点,一个案件代表当事人的一种选择,而这种选择又受到很多因素的影响,比如经济的运行状况,当事人之间的关系,诉讼本身的便利程度,其他纠纷解决方式的设置,等等。"[1]在司法统计人员的大部分工作中,主要是对法院所处理的民事案件所具有的共同特性进行统计。当然,这种统计也建立在对民事案件做具体分类的基础上,如物权、合同、侵权等,在大类之下,还有具体的小类。

此外,还应注意的是,在司法统计中,存在着两种统计指标类型,即绝对指标与相对指标之分。绝对指标又称为绝对数,它是反映司法领域内社会现象在具体时间、空间条件内的总规模或总水平的统计指标。对于这种绝对指标,统计上将其称为总量指标。[2] 例如,人民法院历年所审结的民事案件数量,人民

---

　　① 冉井富:《当代中国民事诉讼率变迁研究——一个比较法社会学的视角》,中国人民大学出版社 2005年版,第 3 页。

　　② 刘金友、陈恩惠:《实用司法统计学》,法律出版社 1991 年版,第 89 页。

法院历年来司法审判人员的数量,等等,皆属于司法统计中的绝对指标。而相对指标,简单而言,就是两个有关联的绝对指标对比之结果。例如,2010 年,法院系统审结的民商事案件,占当年全部审结案件的 61.34%。由于相对指标是一种较强的分析工具,可以说明绝对指标无法说明的问题,因此它常被用于说明有关现象之间的数量关系、发展程度或者差异程度。

随着司法统计技术的发展,基于现实的需要,相对指标也得到了相应的发展。具体而言,可以将相对指标细分为如表 3.1 所示的五种。

表 3.1　司法统计中的五种相对指标

指标名称		计算方式	功能与示例
任务完成情况相对指标		(本期实际完成数/本期任务数)×100%	功能:检查、监督司法机关工作效率。
			示例:案件结案率。
结构相对指标		(总体的某部分数量/总体数量)×100%	功能:分析内部总体结构,说明社会现象的发展过程和发展趋势,评价司法机关的工作质量。
			示例:各类民事案件占当年民事案件的比重。
比较相对指标	同一时期同一类现象在不同时空的对比	(某一空间的某类指标数值/另一空间的同类指标数值)	功能:比较不同国家(或地区)、单位的差异程度。
			示例:不同地区因盗窃而判刑的人数比。
	同一总体内各组成部分的数量之比	(总体中某一部分的数值/总体中另一部分的数值)	功能:说明总体内不同组成部分的比例。
			示例:单位年度内已结合同类案件与侵权类案件的数量比。
动态相对指标		(报告期指标数值/基期指标数值)×100%	功能:说明同一现象在不同时期的变化。
			示例:不同时期同一法院审理的民事案件数量比。
强度相对指标		(某一总体数量/另一有联系总体数量)	功能:说明一现象在另一现象领域内的普遍化程度。
			示例:犯罪率。

从我国历年的司法统计报告和法院工作报告来看,其充分运用了绝对指标和相对指标。如最高人民法院 2009 年的人民法院工作报告中有这么一段:"2009 年,各级法院共新收一审、二审、再审民事案件 6436333 件,审结 6433585 件,同比分别上升 7.75% 和 8.41%。其中,新收一审民事案件 5800144 件,审结 5797160 件,同比分别上升 7.16% 和 7.73%,诉讼标的额达 9205.75 亿元,

同比上升 15.72％。"其中,6436333、6433585、5800144 等数字属于绝对指标数,而 7.75％、8.41％等则属于相对指标中的动态相对指标。

3.1.2　司法统计中的民事案件

通常意义上的民事案件,是指发生在法律地位平等的民事主体之间的争议,当事人无法协商解决,而诉诸司法机关,请求由司法机关受理并就有关民事权利和义务进行廓清和界定的案件。它主要包括有关财产权益方面的案件,如合同纠纷、物权纠纷等,以及由侵权行为而发生的纠纷,比如殴打他人致轻微伤害(如果伤害严重,则变成刑事案件了),也包括婚姻、家庭等方面的案件。然而,在司法统计中,其所使用的民事案件(大民事)的概念,与学理上所持有的民事概念认识(小民事)有着不小的出入,研究者不得不察。

在司法统计中,如何对司法机关所受理的民事案件进行统计,构成了司法统计工作者所要解决的一个重要的技术问题。目前我国各级人民法院的民事诉讼立案工作需要严格遵照最高人民法院所确立的民事案件案由进行。作为审判管理中的一个重要环节,司法统计也是以民事案件的案由作为其统计的标准。那么,如何理解民事案件案由呢? 对此,理论界的认识并不统一。有的将之等同于诉讼请求。如《中华实用法学大辞典》认为"案由:在民事案件中指原告人起诉中所提出的诉讼请求(如离婚、继承、收养、损害赔偿、返还财物等)"[①]。也有的将之称为案件的提要或概要。如《中国司法大辞典》认为"案由:案件性质、内容的简要概括"[②]。《中华法学大辞典·诉讼法学卷》认为"案由:具体诉讼案件的性质、内容的概括提要"[③]。《最新常用法律大词典》认为"案由:案件的由来或内容提要"[④]。司法部门采纳了最后一种建议。根据最高人民法院《关于印发〈民事案件案由规定〉的通知》的界定,民事案件案由是指"民事诉讼案件的名称,反映案件所涉及的民事法律关系的性质,是人民法院对诉讼争议所包含的法律关系的概括"。换言之,民事案件案由,体现了民事案件所包含的法律关系,反映出民事诉讼当事人争议的焦点,是对案件内容的提要。

---

① 栗劲、李放:《中华实用法学大辞典》,吉林大学出版社 1988 年版,第 1568 页。
② 江平:《中国司法大辞典》,吉林人民出版社 1991 年版,第 574 页。
③ 陈光中:《中华法学大辞典·诉讼法学卷》,中国检察出版社 1995 年版,第 6 页。
④ 夏团:《最新常用法律大词典》,中国检察出版社 2000 年版,第 858 页。

"建立科学、完善的民事案件案由体系,既有助于当事人准确选择诉由,也有利于人民法院在民事立案和审判中准确确定案件诉讼争点和正确适用法律,有利于对受理案件进行分类管理。"①对于司法统计而言,它亦有助于民事案件司法统计的准确性和科学性,从而为科学决策提供基础。"案由要简洁明了和清楚,便于使用和掌握;案由的确定要具有实体法或诉讼法依据,要符合人民法院关于收案范围(可受理性)的有关规定;案由编排要体现一定的学理性,但更要注重科学性、准确性和实用性,防止疏漏;案由体系编排要考虑民事审判业务分工;案由体系要有前瞻性、简繁得当,保证案由的灵活性和适度开放性。"②

当前我国法院系统对于民事案件案由的设计,主要依据当事人所主张的民事法律关系之性质来加以确定。由于具体案件中当事人的诉讼请求、争议的焦点可能有多个,争议的标的也可能有两个以上,为保证案由的高度概括与简洁明了,民事案件案由的表述方式原则上确定为"法律关系性质"加"纠纷",一般不再包含争议焦点、标的物、侵权方式等要素。另外,考虑到当事人诉争的民事法律关系的性质具有复杂性,为了更准确地体现诉争的民事法律关系和便于司法统计,《民事案件案由规定》在坚持以法律关系性质作为案由的确定标准的同时,对少部分案由也依据请求权、形成权或者确认之诉、形成之诉的标准进行确定。对适用民事特别程序等规定的特殊民事案件案由,根据当事人的诉讼请求直接表述。

最高人民法院关于民事案件案由的规定,经过了三次较大的变动,如表3.2所示。

表 3.2　民事案件案由规定修订情况

施行时间	名称	内容	修订背景
2001 年	《民事案件案由规定(试行)》	将民事案件分为 4 部分 54 类 300 种	统一《合同法》的实施、大民事司法审判改革
2008 年	《民事案件案由规定》	将民事案件分为十大类共 361 种	《物权法》的实施
2011 年	《民事案件案由规定》	将民事案件分为十大类	《侵权责任法》的实施

---

① 曹建平:《最高人民法院民事案件案由规定理解与适用》,人民法院出版社 2008 年版,第 1-2 页。
② 罗东川、黄建中:《〈民事案件案由规定〉的理解与适用》,《人民司法》2008 年第 5 期,第 18 页。

根据 2011 年修订的《民事案件案由规定》①，人民法院受理的民事案件的一级案由分为十大类：人格权纠纷，婚姻家庭、继承纠纷，物权纠纷，合同、无因管理、不当得利纠纷，劳动争议与人事争议，知识产权与竞争纠纷，海事海商纠纷，与公司、证券、保险、票据等有关的民事纠纷，侵权责任纠纷，适用特殊程序案件案由。仔细分析该规定，可以发现如下几个特点：

其一，《民事案件案由规定》中所指称的"民事"属于大民事的范畴。从《民事案件案由规定》对民事案件的界定来看，人民法院所受理的民事案件，既有学理上所指称的民事案件（所有权、合同、婚姻家庭、侵权），也包括劳动争议案件、知识产权与竞争纠纷案件、商事案件，属于广义上的民事范畴。此外，它不仅包括民事实体问题，也涉及程序问题。"人民法院所受理的案件，实际上包括了两类：第一类是当事人之间因为民事权益纠纷，一方当事人向人民法院起诉，请求人民法院对其权利予以保护的案件，比如适用普通程序和简易程序的各类民事案件；另一类是不存在民事权益纠纷，也没有两方当事人，一方仅仅是请求人民法院对其诉讼请求予以满足的案件，比如适用特别程序、公示催告程序、督促程序的案件。"②在笔者看来，《民事案件案由规定》中的民事，其范围可以框定为"实体＋程序""小民事＋商事＋劳动＋知识产权＋竞争"。

其二，审判方式改革及民事立法对民事案件案由影响明显。2011 年修订的《民事案件案由规定》与之前的案由规定（如 2001 年、2008 年）有着较为显著的差异。回顾历次《民事案件案由规定》的修订，都可以找到立法及司法审判方式改革的影子。（1）最高人民法院于 2001 年修订的《民事案件案由规定（试行）》，其背后存在着两大因素：其一为三大合同法的统一，其二为我国民商事司法审判方式的改革。2001 年，最高人民法院进行了以建立大民事格局为重要内容的机构改革。针对当时的民事审判、经济审判、知识产权审判、涉外海商审判处理等都是平等民事主体之间的纠纷，所适用的又都是《民事诉讼法》这样一种现状，最高人民法院将审理商事案件的经济审判庭更名为民事审判第二

---

① 自 2008 年以来，随着《农村土地承包经营纠纷调解仲裁法》《人民调解法》《保险法》《专利法》等法律的制定或修订，审判实践中出现了许多新类型民事案件，需要对 2008 年《民事案件案由规定》进行补充和完善。特别是《侵权责任法》已于 2010 年 7 月 1 日起施行，迫切需要增补侵权责任纠纷案由。有鉴于此，最高人民法院对 2008 年《民事案件案由规定》进行了修改。

② 郭翔：《论民事案件案由的几个理论问题》//张卫平：《司法改革评论》（第 3 辑），中国法制出版社 2002 年版，第 194 页。

庭。① 在此两大因素的影响下,坚持原有的案由规定已经不合时宜,亟须对之进行修订。(2)最高人民法院于 2008 年对《民事案件案由规定》进行修订,其中一个重要原因是 2008 年《物权法》的颁布实施。迫切需要对之前所制定的《民事案件案由规定(试行)》进行修订,增补物权类纠纷案件案由。(3)2011 年新修订《民事案件案由规定》,则是因为《侵权责任法》《农村土地承包经营纠纷调解仲裁法》《人民调解法》《保险法》《专利法》等法律的制定或修订,在审判实践中出现了许多新类型民事案件,需要对 2008 年《民事案件案由规定》进行补充和完善。

《民事案件案由规定》经过多次修订,其体系愈加科学,这是一件非常可喜的事情。然而,由于民事案件案由种类的增加,加之其编排体系的变化,因此也必然带来了司法统计口径的变化。从研究者的角度来看,应当如何应对这种变化,从而保证研究口径的一致性,就成为我们必须面对的问题。在笔者看来,欲应对此种变化,应当确定以下几点标准:其一,对历年的民事案件的总量进行把握。在 2001 年之前,我国法院对民事案件的统计,使用的是两张统计表格,即民事案件和经济案件分开统计。2001 年,此种区分不再存在。因此,对 2001 年之前的民事案件总量的统计,应当将民事案件和经济案件的数量进行合并处理。其二,应当参照 2011 年的《民事案件案由规定》,对此前的司法统计数据进行再整理。事实上,无论民事案件案由的编排体系如何变化,其所描述的对象,即人民法院所审理的民事案件,其性质和内容是确定的、稳定的。因此,完全可以按照 2011 年最高人民法院确定的《民事案件案由规定》,对此前的司法统计数据做整理。换言之,数个阶段的人民法院之司法统计口径虽有一定的差异,但是可以通过对原先的数据进行二次整理而实现整合的目的。其三,对于新增加的案由,应当做单独的处理。民事案件案由的变动,除了编排体例有所变化外,还有的变化就是增加了原先案由体系中未列明的案由。事实上,民事案件案由的增加,与我国民事法律体系的日趋完备,诉讼类型的日趋多元,有着紧密的联系。可以认为,民事案件案由,与民事权利体系一样,是一个开放的体系,总会出现新的案由类型需要对其加以补充。但从整体而言,本书主要围绕大的类型(十大类型)进行分析、归纳。

根据笔者对相关统计资料的整理,我国的民事案件的数量走势如表 3.3 和图 3.2 所示。

---

① 奚晓明:《中国民商事审判的回顾与展望》//最高人民法院:《人民法院改革开放三十年论文集(1978—2008)》,人民法院出版社 2008 年版,第 46-56 页。

从图 3.2 中可以发现,自 1980 年以来,我国的民事案件结案总量总体呈上升的趋势。[①] 比较 1980 年与 2009 年的结案数量,两者相差 5242082 件,后者的结案总量是前者的 10.4 倍。如以十年为一个刻度,选取 1988 年、1998 年和 2008 年作为三个纵向比较点,可发现,每十年间民事案件结案总量增长近 200 万件。

表 3.3　全国民事一审结案总量(1980—2009)　　　　　　　　(单位:件)

年度	结案总量	年度	结案总量	年度	结案总量
1980	555078	1990	1849728	2000	3418481
1981	662800	1991	1910013	2001	3457770
1982	778358	1992	1948949	2002	4393306
1983	751723	1993	2091651	2003	4416168
1984	855179	1994	2382174	2004	4303744
1985	852436	1995	2718533	2005	4360184
1986	978990	1996	3093995	2006	4382407
1987	1196494	1997	3277572	2007	4682737
1988	1419056	1998	3360028	2008	5381185
1989	1808535	1999	3517324	2009	5797160

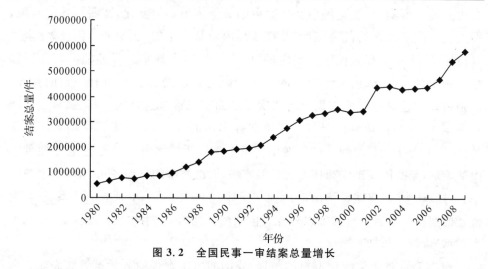

图 3.2　全国民事一审结案总量增长

[①]　2003 年、2004 年的结案总数有所波动。2003 年的民事一审案件总数为 4416168 件,2004 年的结案总数则降为 4303744 件,较 2003 年减少了 112424 件。

3.1.3　司法统计意义上的调解率

无须赘言,调解率,属于司法统计中的相对指标。需要注意的是,在司法统计中,存在不同类型的调解率,如民事诉讼调解率、行政诉讼调解率,甚至刑事案件和解率。笔者无意否认行政调解、刑事和解在化解社会矛盾:构建和谐社会中的重要作用。但是,从社会的普遍认识来看,调解、调解率一般是指民事调解。在司法统计及各级人民法院的工作报告中,调解率指向的也是民事诉讼调解率。

那么,民事诉讼调解率在司法统计中是由何种因素构成的? 按照司法统计的基本原理,"法律统计指标是由指标名称和指标数值两个基本要素构成。指标名称是指司法统计所研究的社会现象数量化的科学概念。它表明这些现象的质的规定性,反映着某一社会总体现象的特点及其具体内容。依据统计指标名称反映的内容,通过统计调查和整理工作,搜集和计算出来的相应的数值,就是统计指标数值"[1]。具体至调解率而言,其指标名称为民事诉讼调解结案率,而相对应的数值则是统计时间段内调解结案数与结案数的比例。

如果对上述内容进行进一步的深化,那么,可以这样说,司法统计人员在对民事诉讼案件进行调解率计算时,还必须确定如下因素:统计时间、结案数、调解数。其中,统计时间指的是统计对象所跨越的时间长度。从司法实践来看,这种统计时间,既有短期的(如 1 个月),也有长期的(如 10 年、20 年),最为常见的统计时间为 1 年。[2] 所谓结案数,就是指所审理的民事案件中已经做出判决或者做出处理的案件的数量。根据我国的民事诉讼法,其中的处理包括案件调解结案,裁定驳回起诉,或者移送其他有管辖权的法院,等等。而调解数,顾名思义,就是以法院调解的方式结案的数量。在获得上述参数的基础上,民事诉讼调解率的计算方式为: $X = T/P$,其中 X 代表民事诉讼调解率, T 代表民事诉讼调解结案数, P 代表审结案件数。

值得注意的是,在司法实践中,人民法院对于如何理解和使用"结案数""调解结案数",存在着不同的观点和做法。有的法院将缺席审判的案件数从结案

---

[1]　梁书文:《法院司法统计讲座》,人民法院出版社 1992 年版,第 40 页。

[2]　从实践来看,1 年的统计时间,与当前的法院工作,尤其是法院的评价工作有着紧密的联系。人民法院的工作报告,往往以当年的工作成绩作为汇报主题。同时,人民法院内部的法官业绩考核,也与当年的各方面的司法指标有着直接的联系。不少的法院,司法统计指标已经被用于考核法官的业绩,法官的工作也与指标完成度挂钩,由此导致了指标被人为提前设定的问题。此种不正常现象,正是笔者在后文所欲批判的。

总数中扣除;有的法院将裁定驳回起诉及移送管辖的案件数也从总数中扣除;还有的法院将撤诉案件的数量加入调解结案数而一并计算。由此,在貌似一致的情况下出现了不同的计算方法。在不同的计算口径下,必然导致出现不一样的结果。在笔者看来,应当统一调解结案数、结案总数的计算标准,才有可能获得具有可比性的调解率。其中,民事案件,其首先必须具有可以进行调解的前提,才能谈得上进一步的调解,被告拒不到庭或下落不明、被告或原告主体不适格、法院没有管辖权而移送管辖的案件,其根本就不具有调解的条件,将不具备调解条件的民事案件的数量纳入结案总数之中,不符合设置此种指标的科学宗旨。因此,对于结案总数,应当做限缩的理解,将不具备调解条件的民事案件的数量剔除出结案总数。此外,我们还应当拒绝将撤诉结案的数量纳入调解结案这一参数中来。这是因为,撤诉结案虽有可能与法官的积极调解、说服有关,但是也存在着当事人主动撤诉的情况。根据笔者对不少实务部门的法官的访谈,两者之间可以对半分。基于科学性和客观性,应当将撤诉案件数量予以扣除。当然,也可以考虑单独计算民事诉讼案件的撤诉率,作为调解率的参照。

3.2　当代中国民事诉讼调解率的变迁轨迹

3.2.1　司法统计数据的来源

从科学研究的角度来看,对于社会现象的研究,其数据的获取应当尽可能地独立和直接。换言之,科学的研究应当建立在第一手的调查资料的基础上,即使是数据也应当如此。这是因为,"当我们的研究是基于对现有资料的分析时,我们就明显地受到既有资料的限制。通常,既有资料并不能准确地反映我们感兴趣的事物,而我们的测量也无法全然有效地代表变量或我们想用以得出结论的概念"①。

然而,在研究中国民事诉讼调解率这一问题上,我们似乎要面对难以克服的困难。其原因在于,目前的中国司法统计数据,尤其是法院的司法审判数据,其主要的统计资料的搜集和整理,还是要依靠官方的工作。单凭笔者,是无法

---

① 〔美〕艾尔·巴比:《社会研究方法》,邱泽奇译,华夏出版社 2009 年版,第 332 页。

完成全国性的统计数据的搜集和整理工作的。因此,理论工作者欲研究调解率,就必须要引用和参考官方的文献。在笔者看来,在社会科学领域中,充分利用官方的统计数据是一个无法回避的路径。如人口学中,其大部分研究必须要依赖于由国家展开的人口普查资料。正如著名学者艾尔·巴比(E. Babble)所言:"通常,使用官方或准官方统计资料来从事社会科学研究不但可能而且也很必要。"①当然,对于官方数据的信度和效度问题②,可以辅之以逻辑推理和重复验证(replication)加以解决。③

就笔者目前所掌握的官方统计资料来看,主要有如下几种:

(1)《最高人民法院公报》。该刊为最高人民法院的定期出版物,一年出版六期,其中每年的第三期或第四期会公布上一年度的司法统计数据(《全国法院司法统计公报》),这些数据占据了 4～6 个页面。在《全国法院司法统计公报》中,与民事诉讼调解有关的数据主要体现为以下几个方面的内容:全国法院审理民事案件一审情况统计表、全国法院审理各类案件二审情况统计表、全国法院审理各类案件再审情况统计表。在这三个表中,信息含量最大的当属全国法院审理民事案件一审情况统计表,该表将民事案件分为三种类型,即婚姻家庭(继承)纠纷、合同纠纷、权属(侵权)纠纷,并按照这三种类型对全国法院民事案件一审收案数、结案数、判决数、调解数进行了汇总。然而,值得注意的是,由于篇幅的限制,加之并非民事审判的专项数据统计,《全国法院司法统计公报》所公布的统计数据还较为宏观,缺乏对细节的披露。如全国法院审理民事一审案件情况统计表中,只将民事案件分为三类进行分别统计,未对这三种类型案件项下的细目进行统计,需要结合其他文件进行补充。同时,全国法院审理民事案件一审情况统计表中并没有将知识产权民事纠纷纳入统计的范围,其中原因颇耐人寻思。此外,《全国法院司法统计公报》对调解结案的民事案件只进行了案件数目上的统计,并没有计算调解率。易言之,调解率仍然需要我们根据这些统计数据进行换算。

(2)《中国法律年鉴》。《中国法律年鉴》由中国法学会主管主办,由中国法

---

① ［美］艾尔·巴比:《社会研究方法》,邱泽奇译,华夏出版社 2009 年版,第 329 页。

② 社会研究中任何一种精确地、系统地收集资料的方法,实际上都是一种特定形式的社会测量。而对于任何一种测量工具或测量手段来说,都会涉及信度和效度的问题。所谓信度(reliability),即可靠性,测量结果的一致性或稳定性。所谓效度(Validity),即准确度,测量手段能够准确测量出所要测量的变量的程度。参见风笑天:《社会学研究方法(第二版)》,中国人民大学出版社 2005 年版,第 110-113 页。

③ 社会学巨匠涂尔干的《自杀论》(1879 年)就是这一方法的典型运用。

律年鉴社出版发行。该刊是中国立法、司法、法学教育与研究等相关法律领域最具权威的综合性年鉴。该年鉴创刊于 1987 年,迄今已经出版了 24 卷。因法律年鉴编辑委员会由全国人民代表大会常务委员会办公厅、全国人大常委会法工委、最高人民法院、最高人民检察院、司法部等部门的主要负责人和在法学界享有较高声誉的学者组成,确保了年鉴内容的权威性。在每年出版的年鉴中,有专门章节介绍上一年度的审判工作,并以专门的部分登载统计资料。其中,司法统计资料,与《最高人民法院公报》所披露的司法统计数据是一致的。因此,《中国法律年鉴》中真正有意义和价值的部分,为审判工作的介绍。然而,与西方年鉴资料的读者为专门的研究人员不同,当前我国的年鉴编撰,其目的在于向普通民众进行法律宣传,因此,相应的介绍也往往过于简单。

(3)《全国人民法院司法统计历史资料汇编:1949—1998(民事部分)》。该书系最高人民法院研究室为迎接中华人民共和国成立 50 周年,系统总结人民法院司法审判工作的汇编作品。就笔者所收集的材料来看,该书属于最为全面的统计资料。这种全面体现为:其一,统计时间跨度大,该书汇集了人民法院50 年的司法统计数据。其二,内容全面,该书详细披露了历年司法审判的统计数据。与《全国法院司法统计公报》相比较,该书中的司法统计数据详细至二级标题。遗憾的是,该书所披露的司法统计数据只延续至 1998 年。换言之,1999年至 2011 年的统计数据还未被详细地披露,需要从《中国法律年鉴》等其他文献中加以辅助、补正。

(4)《人民法院工作报告》。根据《宪法》(第一百二十八条)和《人民法院组织法》(第十七条)的规定,人民法院应当对产生它的权力机关(人民代表大会)负责并报告工作。[①] 随着近年来,人民代表大会对一府两院工作监督的加强,各级人民法院非常重视当年的工作报告。[②] 为了顺利通过人大代表的表决,人民法院的工作报告都会较为详细地披露相关的司法统计数据,以说明其审判工作。其中,民事诉讼调解撤诉率就成为说明民事审判工作的重要数据。目前,从基层人民法院的统计数据,到最高人民法院的统计数据,都可以通过公共网络获得。此外,最高人民法院为加强与社会的互动,从 2009 年起,每年都对外

[①] 也有学者认为,人民法院向人民代表大会做工作报告,有违司法独立的法治原则,应予取消。参见周永坤、朱应平:《否决一府两院报告是喜是忧》,《法学》2001 年第 5 期,第 7-11 页。

[②] 近些年,河南、湖北、湖南、广东、安徽、江苏、甘肃等许多地区,都先后出现了各类"一府二院"工作报告遭人大强烈批评或否决的案例。如 2007 年,湖南衡阳市人民代表大会否决了衡阳市中院的工作报告。

发布最高人民法院年度工作报告,其中亦有相关的数据披露。

3.2.2　民事诉讼调解率的数据整理

目前,我国的民事审判实行四级两审终审制。所谓四级,即指基层人民法院、中级人民法院、高级人民法院和最高人民法院四级;而两审终审制,是指一个民事案件经过两级法院的审判后即告终结的制度。[①] 从司法统计的角度来看,对于民事诉讼的数据,往往亦根据审理的级别进行统计。

由此,出现了民事诉讼一审调解率、民事诉讼二审调解率和民事诉讼再审调解率三大类。

3.2.2.1　民事诉讼一审调解率统计

受司法体制改革进行的影响,我国的民事审判方式一直处于相对的变革过程中,其中有几点需要加以说明。

其一,经济纠纷审判数据的整理。我国经济审判庭于 1983 年设立,后于 2000 年撤销,其间所审理的经济纠纷案件数按照经济纠纷一审案件数进行统计。按照当前大民事的观念,这一部分的内容需要与相关的民事一审案件进行合并处理。同时,由于经济庭设立早期,其审理案件的范围并不明确,加之当时行政审判庭并未设立,一些行政案件也按照民事诉讼程序进行审判,并纳入经济纠纷的统计范围,在进行数据合并处理时,需要剔除行政案件的数量。根据笔者对《全国人民法院司法统计历史资料汇编:1949—1998(民事部分)》及《中国法律年鉴》的整理,这些行政案件主要在 1983—1986 年。1986 年设立行政审判庭后,司法统计单独设立了行政审判案件统计。

其二,交通运输经济纠纷数据整理。从 1988 年起,我国的司法统计单独设立交通运输经济纠纷一审案件统计表,对海事海商纠纷案件、铁路运输纠

[①] 《民事诉讼法》第十条规定,人民法院审理民事案件,依照法律规定实行两审终审制。根据这一制度,某一诉讼案件经过第一审法院的审判后,如果当事人不服其所做出的判决或裁定,有权依法上诉至第二审法院,第二审法院的判决、裁定是终审的判决、裁定,也即发生法律效力的判决、裁定,当事人即使不服,亦不得进一步提起上诉。就我国各级人民法院的各类审判活动而言,系以两审终审为原则,以一审终审为例外和补充,民事审判也是如此。在我国,一审终审的案件主要有四种类型:(1)依照特别程序审理的案件;(2)依照督促程序审理的案件;(3)依照公示催告程序审理的案件;(4)依照《破产法》规定的程序审理的案件。此外,由最高人民法院审理的案件,不存在上诉的问题。参见赵钢、占善刚、刘学在:《民事诉讼法》,武汉大学出版社 2008 年版,第 73 页。

纷案件、航空运输纠纷案件和公路运输纠纷案件进行单独统计。至 1992 年,统计方式再次发生变化,该统计表变更为海事海商纠纷案件统计表。原先统计的铁路、航空和公路纠纷案件被纳入经济纠纷案件统计的范围。为保障统计口径的一致,本书将交通运输经济纠纷(海事海商纠纷)纳入经济纠纷的统计范围。

其三,按照特别程序处理的案件数据的处理。在司法统计中,往往将按照特别程序处理的案件纳入统计范围,如涉及选民资格、宣告失踪、宣告死亡、认定行为能力、认定财产无主等程序性案件。从调解的角度来看,这些案件本身具有程序性的特征,不具有调解的可能性,将之纳入调解数据的统计范畴,是有失科学的,应当予以剔除。加之《全国人民法院司法统计历史资料汇编:1949—1998(民事部分)》《中国法律统计年鉴》《全国法院司法统计公报(2002—2010)》等对这些程序性的数据已有不少披露,本书统计的民事案件结案总量中,已经将程序性的案件数量予以剔除。

其四,驳回起诉、移送管辖等案件数据的处理。基于与按照特别程序处理的案件相同的理由。驳回起诉、移送管辖等也属于纯粹的程序性案件,其本身也不具有进行调解或判决的可能性,应当予以剔除。

根据前述标准,现对《全国人民法院司法统计历史资料汇编:1949—1998》《中国法律统计年鉴》《全国法院司法统计公报》的数据进行整理,如表 3.4 所示。

表 3.4　民事诉讼一审调解情况

年份	民事一审			经济一审			大民事一审		
	结案总量/件	调解结案/件	判决结案/件	结案总量/件	调解结案/件	判决结案/件	结案总量/件	调解结案/件	调解率/%
1980	555078	383653	58604				555078	383653	69.1
1981	662800	456753	70793				662800	456753	68.9
1982	778358	530543	91423				778358	530543	68.2
1983	751723	537411	91411	39808	31408	2242	791531	568819	71.9
1984	855179	617599	105154	75263	60366	4242	930442	677965	72.9
1985	852436	629166	111083	201781	164764	11405	1054217	793930	75.3
1986	978990	715990	138031	307207	245735	22686	1286197	961725	74.8

续表

年份	民事一审			经济一审			大民事一审		
	结案总量/件	调解结案/件	判决结案/件	结案总量/件	调解结案/件	判决结案/件	结案总量/件	调解结案/件	调解率/%
1987	1196494	858052	181617	365126	282496	34337	1561620	1140548	73.0
1988	1419056	1017829	213664	486483	388760	414933	1905539	1406589	73.8
1989	1808535	1253895	297999	674226	516723	70786	2482761	1770618	71.3
1990	1849728	1194350	353940	602486	416988	89059	2452214	1611338	65.7
1991	1910013	1128465	429693	588055	360762	118005	2498068	1489227	59.6
1992	1948949	1224060	460932	650436	397997	135636	2599385	1622057	62.4
1993	2091651	1224060	487005	884876	555873	173163	2976527	1779933	59.8
1994	2382174	1392144	547878	1047041	625486	217525	3429215	2017630	58.8
1995	2718533	1544261	658184	1273982	729925	283132	3992515	2274186	57.0
1996	3093995	1672892	815741	1507610	805287	384217	4601605	2478179	53.9
1997	3242202	1651996	955530	1482506	733751	430094	4724708	2385747	50.5
1998	3360028	1540369	1115849	1460980	627854	498921	4821008	2168223	45.0
1999	3517324	1500269	1257467	1543287	631892	—	5060611	2132161	42.1
2000	3418481	1336002	1328510	1315405	449558	—	4733886	1785560	37.7
2001	3457770	1270556	1417625	1158702	351776	—	4616472	1622332	35.1
2002	4393306	1331978	1909284				4393306	1331978	30.3
2003	4416168	1322220	1876871				4416168	1322220	29.9
2004	4303744	1334792	1754045				4303744	1334792	31.0
2005	4360184	1399772	1732302				4360184	1399772	32.1
2006	4382407	1426245	1744092				4382407	1426245	32.5
2007	4682737	1565554	1804780				4682737	1565554	33.4
2008	5381185	1893340	1960452				5381185	1893340	35.2
2009	5797160	2099024	1959772				5797160	2099024	36.2
2010	6112695	2371683	1894607				6112695	2371683	38.8

3.2.2.2 民事诉讼二审调解率统计

民事诉讼二审调解情况如表 3.5 所示。

表 3.5　民事诉讼二审调解情况

年份	民事二审		经济二审		大民事二审		
	结案总量/件	调解结案/件	结案总量/件	调解结案/件	结案总量/件	调解结案/件	调解率/%
1980	34494				34494		
1981	43353				43353		
1982	53296				53296		
1983	56289		1062		57351		
1984	57741		1865		59606		
1985	56925	9560	4747	1169	61672	10729	17.4
1986	61768	9856	9968	1872	71736	11728	16.3
1987	76359	11225	16880	2926	93239	14151	15.2
1988	87671		25234		112905		
1989	109614		27336		136950		
1990	114401		33635		148036		
1991	128396		39943		168339		
1992	129079	15507	43869	5378	172948	20885	12.1
1993	118638	14544	45874	5528	164512	20072	12.2
1994	123005	14682	56809	6523	179814	21205	11.8
1995	138585	16418	69854	7693	208439	24111	11.6
1996	159702	17650	84163	8423	243865	26073	10.7
1997	177317	17664	86772	7840	264089	25504	9.7
1998	204958	17620	89327	7393	294285	25013	8.5
1999	246241	19685	95165	7436	341406	27121	7.9
2000	264798	21210	98724	7225	363522	28435	7.8

年份	民事二审		经济二审		大民事二审		
	结案 总量/件	调解 结案/件	结案 总量/件	调解 结案/件	结案 总量/件	调解 结案/件	调解率/%
2001	282809	21507	94863	6884	377672	28391	7.5
2002	357821	26281			357821	26281	7.3
2003	370770	28359			370770	28359	7.6
2004	377052	30155			377052	30155	8.0
2005	392191	33492			392191	33492	8.5
2006	406381	38232			406381	38232	9.4
2007	422041	46083			422041	46083	10.9
2008	517873	64371			517873	64371	12.4
2009	598355	89886			598355	89886	15.0
2010	593373	94316			593373	94316	15.9

注:2002 年和 2003 年的统计数字包括民事商事案件,2002 年以后不再区分为民事案件和经济案件。

3.2.2.3　民事诉讼审判监督调解率统计

民事诉讼审判监督调解情况如表 3.6 所示。

表 3.6　民事诉讼审判监督调解数据

年份	民事审判监督		经济审判监督		大民事审判监督		
	结案 总量/件	调解 结案/件	结案 总量/件	调解 结案/件	结案 总量/件	调解 结案/件	调解率/%
1992	31980	1528	9291	446	41271	1974	4.8
1993	30639	1887	9864	505	40503	2392	5.9
1994	30780	1613	9902	521	40682	2134	5.2
1995	34475	2853	12824	663	47299	3516	7.4
1996	37274	2087	16619	755	53893	2842	5.3
1997	43347	2244	19386	822	62733	3066	4.9

续表

年份	民事审判监督		经济审判监督		大民事审判监督		
	结案总量/件	调解结案)	结案总量)	调解结案)	结案总量/件	调解结案/件	调解率/%
1998	48152	2496	25366	1015	73518	3511	4.8
1999	56103		25846		81949	4177	5.1
2000	58531		26624		85155	4116	4.8
2001	59514		23036		82550	4152	5.0
2002	48916	3328			48916	3328	7.0
2003	47412	3406			47412	3406	7.2
2004	44211	3647			44211	3647	8.2
2005	41461	3967			41461	3967	9.6
2006	42255	4504			42255	4504	10.7
2007	38786	5008			38786	5008	12.9
2008	35704	4452			35704	4452	12.5
2009	38070	4853			38070	4853	12.7
2010	41331	5936			41331	5936	14.4

注:2002 年和 2003 年的统计数字包括民事商事案件,2002 年以后不再区分为民事案件和经济案件。

3.2.3 民事诉讼调解率的变迁描述

3.2.3.1 民事诉讼一审调解率

从 1980 年至 2010 年,中国的民事诉讼一审调解率发生了剧烈的波动。在此期间,最高值为 75.3%(1985 年),最低值为 29.9%(2003 年),平均值为 53.1%。从调解率的变迁趋势来看,2003 年是一个关键点。在此之前,调解率呈现出一种下降的趋势,此后,则呈现出一种上升的趋势。据笔者的测算,从 1980 年至 2003 年(包含本数),民事诉讼一审调解率的均值为 58.6%;从 2003 年至 2010 年(包含本数),相应的均值为 33.6%。如图 3.3 所示。

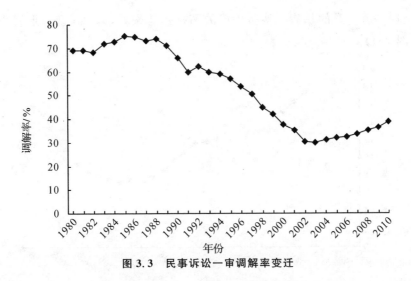

图 3.3 民事诉讼一审调解率变迁

当然,应当注意的是,与 2003 年以前的下降趋势相比较而言,2003 年以后的调解率上升趋势并不明显。从 1980 年至 2003 年,调解率在这期间的某一年度(如 1982 年、1991 年)有小幅波动,但其下降的趋势是明显的。单以 1980 年与 2003 年的调解率为比较对象,1980 年的调解率(69.1%)是 2003 年(29.9%)的 2.31 倍。而以 2003 年与 2010 年的调解率为比较对象,2010 年的民事诉讼一审调解率为 38.8%,是 2003 年调解率的 1.30 倍。在一些官方的报告中,往往引用相关的调解率的上升数据,以说明调解政策实施到位。此种引用面临着两种诘问:(1)调解率是否具有明显的上升趋势,能够符合一些学者所形容的"U"型变化?[①] (2)调解率的上升,是否是最高人民法院积极推行"调解优先"政策所致?

3.2.3.2 民事诉讼二审调解率

与民事诉讼一审调解率相似,二审调解率也经历了一个先降后升的过程,其转折点为 2002 年(7.3%)。在 2002 年之前,二审调解率最高值为 17.4%(1985 年),最低值为 7.3%(2002 年),在此期间呈现出显著下滑的趋势;在 2002 年之后,调解率最高值为 15.9%(2010 年),最低值为 7.3%(2002 年),此

---

① 在一些学者的研究论述中,中国的民事审判结案方式出现了"U"型变迁,换言之,中国的民事审判出现了调解的"复兴"。参见潘凤飞:《法院调解率:"U"型回归态势下的探析》,河北大学 2011 年度硕士学位论文,第 7-16 页。

阶段呈现显著上升的趋势。从所生成的图标走势来看,以"U"型来形容也不为过(见图 3.4)。

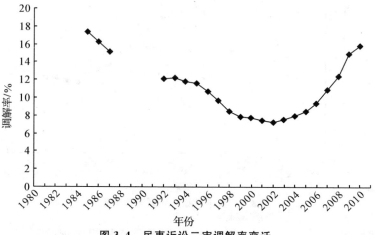

图 3.4　民事诉讼二审调解率变迁

　　然而,需要注意的是,二审调解率与一审调解率存在两个不同之处:其一,二审调解率普遍低于一审调解率。据笔者的测算,民事诉讼一审的平均调解率为 52.6%,而二审的调解率均值为 11.1%,两者相差 41.5%。其二,2002 年以后,民事诉讼二审调解率的增幅高于一审调解率。据测算,以 2003 年为起算点,以 2010 年为终点,在此期间,二审调解率增长了 8.3 个百分点,增幅为110%;而同期的一审调解率增长了 8.9 个百分点,增幅 29.8%。

　　基于上述变化,产生了这样的疑问,为何一审调解率增长缓慢,而二审调解率却出现了显著的增长?这是否意味着调解优先的司法政策对二审更加能产生明显的影响?

3.2.3.3　民事诉讼再审调解率

　　如图 3.5 所示,在 2001 年前,民事诉讼审判监督案件的调解率虽有所波动,但整体上处于较为平稳的状态中。在此期间,最高值为 7.4%(1995 年),最低值为 4.8%(1998 年和 2000 年),平均值为 6.1%。然而,2001 年以后,民事诉讼审判监督案件的调解率发生了明显的变化,呈现出一路上扬的趋势。2001年的调解率为5.0%,至 2010 年,调解率已经攀升至 14.4%,十年间,调解率增长了将近188%。这意味着在民事诉讼审判监督案件的审理过程中,以调解结案的方式结束的民事案件越来越多。由此也带出了与民事诉讼二审调解率变化相似的问题,即在 2001 年以后,本处于较为稳定状态的调解率为何突然会发生如此大的变化? 导致此种变化的关键性因素是什么?

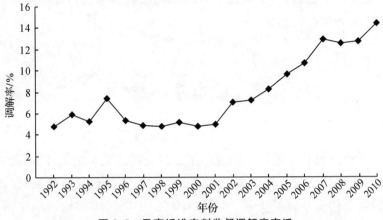

图 3.5　民事诉讼审判监督调解率变迁

3.2.3.4　一审、二审与再审的比较

以上是民事诉讼案件一审、二审和再审调解率的分析。然而,从调解率这一整体而言,需要对三种类型的调解率做一个对比式的分析。如图 3.6 所示。

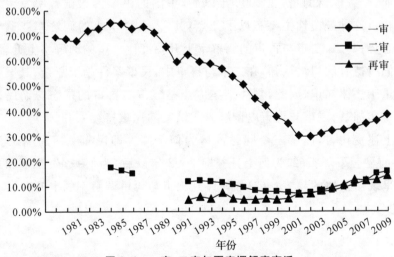

图 3.6　一审、二审与再审调解率变迁

可以发现,在 2003 年以前的调解率的变化中,波动最为明显的仍然是一审的民事诉讼调解率。而二审与再审的调解率虽然有所波动,但整体上较为稳

定。在 2003 年以后,三种类型的调解率的变化趋势是一致的,即呈现出上升的趋势。换言之,民事诉讼调解率的上升,是一种整体性的上升,不仅是基层法院所审理的案件调解量增多,中级以上各级人民法院所审理的民事案件,其调解的力度亦处于强化的状态。

3.3　本章小结

基于对《中国统计年鉴》《中国法律年鉴》《全国法院司法统计公报》和《全国人民法院司法统计历史资料汇编:1949—1998(民事部分)》所刊载司法统计数据的整理,笔者初步掌握了 1980 年至 2010 年,中国民事诉讼调解率的变迁图谱。正如前文数据所描述的,在 2002 年前后,中国的民事诉讼调解率(包括一审、二审和再审)出现了变迁拐点。在此之前,一审的民事诉讼调解率呈现出显著的下降趋势,而二审的民事诉讼调解率也发生了下降,但是其下降的趋势和幅度没有一审调解率那么明显,同时,再审的调解率则处于一种微有波动实则稳定的状态。

然而,令人惊讶的是,在 2002 年以后,中国的民事诉讼调解率发生了颠覆性的变化。这种颠覆性主要有以下几点:其一,各种审级的调解率普遍呈现出上升的态势;其二,二审与再审的调解率上升幅度比一审的调解率上升幅度大。按照我们所持有的司法认知,在二审与再审中,民事案件趋于复杂,其案件的解决应侧重于法律知识,因此,判决结案应当是二审与再审的常态。而民事司法审判的现实却是,二审与再审以调解方式结案的比重持续攀升。

由上述变化,提出了三个问题:(1)为何下降? 即民事一审调解率为何在2002 年前显著下降? (2)为何上升? 即 2002 年以后,为何一审、二审和再审的调解率呈现出上述的趋势? (3)如何评判二审与再审调解率的上升?

第4章 民事诉讼调解率的类型分析

4.1 为什么要进行类型分析

在第 3 章中,笔者对中国民事诉讼调解率进行了宏观的描述。这种宏观描述有利于我们获得一个对法院诉讼调解活动的整体性认识。然而,任何一个整体都是由其各个组成部分遵从一定的规律所构成的。不了解其微观构成,对整体的宏观认识亦会显得肤浅和苍白。同理,法院民事诉讼调解率的变迁整体,是由一个个调解成功的诉讼案例构成的。对调解率变迁进行深入解释,必须对其构成进行手术刀式的精细化解剖。

在自然科学和社会科学领域,对客观现象进行探究,离不开模型建构或类型化的研究。在社会科学领域,类型化研究方法被法国社会学家迪尔凯姆(Emile Durkheim)和德国社会学家韦伯(Max Weber)充分地挖掘。迪尔凯姆在奠定其社会学地位的名著《社会学方法的准则》中明确指出,分类的目的在于,以数量有限的类型代替数量无限的个体进行研究和做全面分析。分类的作用在于,它不仅能使我们把已有的全部知识初步条理化,而且还有助于我们形成新的知识。它可以给观察者以指导,使其在观察事物时省去许多步骤,节省人力物力和时间。[①] 分类法往往能够在复杂的情况下取得较为详细和接近于实际的、可靠的资料,正确反映事物的全貌,收到"窥一斑而知全貌"的效果。

在韦伯看来,社会科学的根本任务不是去认识客观世界的全部事实:考虑到这个世界的复杂性和事实的无限多样性,认识全部事实实际上是不可能的。为了确保社会科学的"科学性",必须借助一定的认识工具。此种工具,韦伯称

---

① [法]迪尔凯姆:《社会学方法的准则》,狄玉明译,商务印书馆 1995 年版,第 96-97 页。

之为"理想类型"(ideal-types)。"一种理想类型是通过片面突出一个或更多的观点……这些现象根据那些被片面强调的观点而被整理到统一的分析结构。"①由此,韦伯为我们提供了一种分析社会现象的理论利器:类型化。在韦伯之后,类型化分析方法被广泛地运用于社会科学的各个研究角落。②"在人文科学的领域内,当前绝对没有一个用语像'类型'这个词一样地受到人们的喜好。"③借助理想类型法,研究者能够将通过文献法、访谈法等资料收集方法获得的大量经验数据,纳入一个统一的分析结构之中。④

类型化也构成了本书深入民事诉讼调解所立身的社会分析工具。"一般来说,类型化是以事物的根本特征为标准对研究对象的类属划分。"⑤"自然无型的生活事实,在未经人类认识的加工之前,经常是断裂和缺乏意义联系的。它们只是一些孤零零散落的原子和碎片,需要逻辑线索和意义脉络的贯连。此时,通过对具体个案的观察,抽取和提炼案件事实之间的共通特征,便能够初步形成事实类型的基本轮廓。"⑥同时,类型化也成为对抽象概念演绎和细化的重要步骤。诚如 Engisch 所言:"虽然在细节上彼此有极大差异,但现代关于类型的所有见解以及所有将类型与一般概念对立以观的想法,均以下述想法为基础:类型或者以此种方式,或者以彼种方式,或者同时以此种及彼种方式,较概念为具体。"⑦

民事诉讼调解率,其虽然指向具体详细的数据,然而,从种属关系的逻辑来看,还可以进行类型化演绎。根据我国长期的司法实践,民事常常被类型化为三大领域:(1)婚姻家庭、继承纠纷;(2)合同纠纷;(3)权属、侵权纠纷。通过对

---

① 〔德〕马克斯·韦伯:《社会科学方法论》,杨富斌译,华夏出版社 1999 年版,第 186 页。

② 有学者指出,理想类型法并非韦伯首创,亚里士多德为阐述和理解政治想象所使用的"君主制""民主制"等概念,实际上就是理想类型。参见傅再明:《马克斯·韦伯的法律社会学评介》,《社会学研究》1988 年第 3 期;李楯:《法律社会学》,中国政法大学出版社 1999 年版,第 85 页。另有学者指出,在韦伯之前,已经有学者如耶利内克(George Jellinek,1851—1911)等 13 位学者使用了"理想类型"这一概念。参见:Machlup F, Leeson K. Information through the Printed Word: The Dissemination of Sholarly, Scientific, and Intellectual Knowledge. New York: Praeger Publishers,1978.

③ Heyde J E. Typus: Ein Beitrag zur Bedeutungsgeschchte des Wortes Typus, in: Forschungen und Fortschrift, 1941(17):220.

④ 郭星华:《法律社会学》,中国人民大学出版社 2010 年版,第 127 页。

⑤ 李可:《类型思维及其法学方法论意义——以传统抽象思维作为参照》,《金陵法律评论》2003 年第 2 期,第 105-118 页。

⑥ 杜宇:《再论刑法上之"类型化思维"——一种基于方法论的思考》//梁根林:《刑法方法论》,北京大学出版社 2006 年版,第 124 页。

⑦ Engisch K. Die Idee der Konkretisierung im Recht und Rechtwissenschaft unserer Zeit. Philosophy, 1953(2):262.

民事调解案件类型化,我们也可以较为明确地回答如下几个问题:其一,构成民事调解案件的主体是哪一类型？其二,三大类型民事案件的调解率走向与宏观走向是否是一致的？

4.2　民事诉讼调解率的主要类型

4.2.1　婚姻家庭、继承诉讼调解率

由于婚姻关系、家庭关系和继承关系,都涉及人的亲属关系或者以人之亲属关系为前提。因此,不论是学界,还是实务部门,都将婚姻家庭和继承放在一起加以研究和讨论。例如,意大利著名民法学者桑德罗·斯奇巴尼(Sandro Schipani)对学说汇纂材料进行选编时,将婚姻家庭编和继承编集中在一册书中。① 与之相同,我国婚姻法专家马忆南教授亦将三者编入至其所著的《婚姻家庭继承法学》一书中。② 自 2002 年起,我国的司法统计口径将婚姻、家庭和继承统一归入婚姻家庭、继承这一大类。

此外,需要指出的是,婚姻家庭和继承类型的民事纠纷,虽然在绝对数量上有较快的增长,但是相对于我国民事案件的整体情况而言,其所占的比重呈现出一种下降的趋势,如表 4.1 和图 4.1 所示。

表 4.1　婚姻家庭、继承纠纷一审数量统计

年份	民事案件结案量/件	婚姻家庭、继承纠纷结案数/件	其他类型民事案件结案数/件	婚姻家庭、继承纠纷结案数占比/%
1980	555078	318229	236849	57.33
1981	662800	398119	264681	60.07
1982	778358	449942	328416	57.81
1983	751723	445470	306253	59.26

① [意]桑德罗·斯奇巴尼:《学说汇纂(婚姻·家庭和遗产继承)》,费安玲译,中国政法大学出版社 2001 年版。

② 马忆南:《婚姻家庭继承法学》,北京大学出版社 2007 年版,目录。

续表

年份	民事案件结案量/件	婚姻家庭、继承纠纷结案数/件	其他类型民事案件结案数/件	婚姻家庭、继承纠纷结案数占比/%
1984	855179	505548	349631	59.12
1985	852436	483425	369011	56.71
1986	978990	565385	413605	57.75
1987	1196494	669379	527115	55.95
1988	1419056	758822	660234	53.47
1989	1808535	895892	912643	49.54
1990	1849728	956357	893371	51.70
1991	1910013	1027337	882676	53.79
1992	1948949	1061694	887255	54.48
1993	2091651	1113673	977978	53.24
1994	2382174	1213558	1168616	50.94
1995	2718533	1330955	1387578	48.96
1996	3093995	1414922	1679073	45.73
1997	3277572	1443860	1833712	44.05
1998	3360028	1442312	1917716	42.93
1999	3517324	1414628	2102696	40.22
2000	3418481	1362052	2056429	39.84
2001	3457770	1361140	2096630	39.36
2002	4393306	1277516	3115790	29.08
2003	4416168	1266593	3149575	28.68
2004	4303744	1160346	3143398	26.96
2005	4360184	1132458	3227726	25.97
2006	4382407	1159437	3222970	26.46
2007	4682737	1215776	3466961	25.96
2008	5381185	1320636	4060549	24.54
2009	5797160	1380762	4416398	23.82
2010	6112695	1428340	4684355	23.37

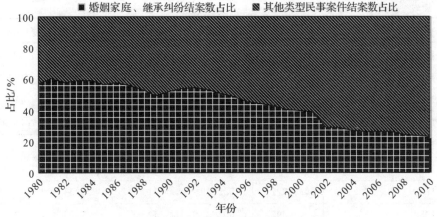

图 4.1 婚姻家庭、继承纠纷结案数占比走势

从表 4.1 和图 4.1 可以发现,婚姻家庭、继承纠纷案件,在我国民事司法审判中占据着重要的位置。在 1994 年以前,它在法院所审理的民事案件中比重都超过了 50%。[①] 至 2010 年,这一比重已经下降至 23.37%。分析婚姻家庭、继承纠纷类民事案件的结案数,可以发现,自 20 世纪 90 年代以来,该类民事案件结案数虽然有所波动,但整体上保持着一种较为稳定的状态。[②] 然而,需要重视的是,婚姻家庭、继承纠纷类民事案件在全部民事案件中的比重呈现出一种明显的下降趋势。可以推测,其他类型的民事案件(合同纠纷类或侵权纠纷类)的结案数量应有显著的增长。

以上是婚姻家庭、继承类案件在民事案件中的总体描述。在此基础上,我们需要对此类民事案件的调解情况做数据分析。作为调解的参照,笔者将此类案件的判决情况也整理进入表 4.2。根据表 4.2,笔者制作了图 4.2 和图 4.3。

表 4.2 婚姻家庭、继承纠纷一审数据统计

年份	收案数/件	结案数/件	调解数/件	判决数/件	调解率/%	判决率/%
1980	321244	318229	227629	30690	71.53	9.64
1981	405010	398119	285900	36728	71.81	9.23

① 基于婚姻家庭、继承纠纷案件在中国民事审判中,尤其是在改革开放前的重要地位。黄宗智认为,中国现代的法院调解制度源于婚姻家庭领域。参见黄宗智:《过去与现在:中国民事法律实践的探索》,法律出版社 2009 年版,第 88-124 页。

② 本章图 4.2(婚姻家庭、继承纠纷案件一审数量变动趋势)也说明了这一点。在笔者看来,中国社会的婚姻家庭还处于较为稳定的状态,远没有社会媒体所宣扬的那样"沉沦"与"崩溃"。

续表

年份	收案数/件	结案数/件	调解数/件	判决数/件	调解率/%	判决率/%
1982	448637	449942	317980	46087	70.67	10.24
1983	447017	445470	327763	47463	73.58	10.65
1984	496728	505548	371835	57603	73.55	11.39
1985	476860	483425	362602	57938	75.01	11.98
1986	568093	565385	418706	72424	74.06	12.81
1987	676176	669379	482638	94744	72.10	14.15
1988	772298	758822	535043	111958	70.51	14.75
1989	893579	895892	602232	149755	67.22	16.72
1990	958175	956357	603039	183897	63.06	19.23
1991	1013529	1027337	607171	221741	59.10	21.58
1992	1060553	1061694	614509	240562	57.88	22.66
1993	1108639	1113673	646337	246686	58.04	22.15
1994	1211837	1213558	698867	269753	57.59	22.23
1995	1329995	1330955	747889	313681	56.19	23.57
1996	1414143	1414922	771821	358343	54.55	25.33
1997	1450387	1443860	754102	396895	52.23	27.49
1998	1442225	1442312	715525	427214	49.61	29.62
1999	1410513	1414628	677436	445476	47.89	31.49
2000	1361141	1362052	631143	458844	46.34	33.69
2001	1361103	1361140	614429	485496	45.14	35.67
2002	1284415	1277516	550466	485029	43.09	37.97
2003	1264037	1266593	552005	476010	43.58	37.58
2004	1161370	1160346	506602	426472	43.66	36.75
2005	1133333	1132458	512923	398241	45.29	35.17
2006	1159826	1159437	533819	398484	46.04	34.37
2007	1220772	1215776	560830	406179	46.13	33.41
2008	1320364	1320636	613379	416077	46.45	31.51
2009	1379692	1380762	659065	399461	47.73	28.93
2010	1423180	1428340	698900	387185	48.93	27.11

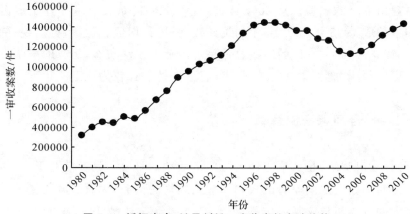

图 4.2　婚姻家庭、继承纠纷一审收案数变动趋势

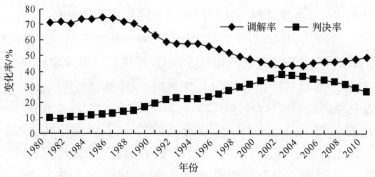

图 4.3　婚姻家庭、继承纠纷一审调解率与判决率走势

分析婚姻家庭、继承类一审民事案件的统计数据,可以发现此类案件有如下两个特点。

其一,调解率始终高于判决率。如图 4.3 所示,从 1980 年至 2010 年,此类案件的调解率与判决率都经过了较为明显的变化。此种变化分为两个阶段,以2002 年为分界点。在 2002 年以前,调解率呈下降趋势,而判决率呈上升趋势。在此阶段,调解率最高值为 75.01%(1985 年),最低值为 43.09%(2002 年);判决率最高值为 37.79%(2002 年),最低值为 9.23%(1981 年)。2002 年以后,调解率呈相对上升的趋势,而判决率则呈现出显著下降的趋势。至 2010 年,此类案件的调解率达到了 48.89%,而判决率则下降至 27.11%。尤其需要注意的是,从 1980 年至 2010 年,调解率始终保持在 40%以上,而判决率也从未超过40%。历年的调解率始终高于判决率。

其二,结案总量的增幅放缓。从 1980 年至 1997 年,此类案件的结案总量呈现出较快的增长趋势。然而在 1997 年以后,直至 2005 年,此类案件的结案总量呈现出下降的趋势。从 2006 年起,此类案件的结案总量才开始缓慢地增长。如果截取 1995 年至 2010 年的统计数据,进行均值化运算,可发现,围绕着均值(1319483),此类案件的结案总量呈现出上下波动状态,相应的增幅出现了放缓。可以预测,此类案件的结案总量将会保持一种较为稳定的状态。

4.2.2 合同诉讼调解率

合同(或曰契约)是民事主体进行经济活动的重要工具。借助于合同,经济活动主体明确彼此之间享有的权利和应当履行的义务,为商品流通提供具有法律约束力的行为指导。从一定程度上说,合同缔结越是活跃,越能说明一个国家的经济繁荣与兴盛程度。当然,在合同的执行过程中,严格履行者有之,违反合同者也不在少数,由此出现了合同纠纷与合同纠纷司法审判。

需要指出的是,从 1980 年至 2010 年,我国的合同立法发生了数次较大的变动,相关的司法审判机构也进行了相应的调整,司法统计的标准和口径也有所不同。如在 1998 年以前,我国的合同立法体系由《民法通则》(1986)、《经济合同法》(1981)、《涉外经济合同法》(1985)、《技术合同法》(1987)构成,此外在《海商法》《保险法》《民用航空法》等单行法中,均有关于合同的规定。[①] 在此立法体系下,司法统计将合同纠纷的统计内容分散为债、经济合同(国内)、涉外经济合同(包括港澳台)等类别中。其中债包括借贷合同、买卖合同、抵押合同、承揽加工合同、劳动报酬合同等;经济合同(国内)则囊括购销合同、加工承揽合同、供用电合同、借款合同等;涉外经济合同(包括港澳台)主要包括补偿贸易合同、保险合同、信贷合同等。

1998 年,我国颁布实施了统一合同法。统一合同法立法上维持了狭义合同的概念,即将合同范围限定在债权合同,基于身份关系的协议如结婚、离婚、收养、遗赠抚养协议等不在统一合同法的调整范围。更为重要的是,立法上坚持统一合同的概念,不再区分经济合同与非经济合同,商事合同与民事合同,国内合同与涉外合同。统一合同法实施以后,我国的司法审判机构进行了相应的调整,经济审判庭撤销,纳入民事审判庭的范围。司法统计上亦将债、经济合同(国内)、涉外经济合同(包括港澳台)、运输合同等纳入合同纠纷这一统计类别。[②]

---

① 梁慧星:《中国统一合同法的起草》//梁慧星:《从近代民法到现代民法》,中国法制出版社 2000 年版,第 192-223 页。

② 在早期的司法统计中,铁路运输合同、航空运输合同、海事合同等单独列表统计,未纳入经济纠纷统计范围。

根据《全国人民法院司法统计历史资料汇编:1949—1998》、《中国法律年鉴》及《最高人民法院公报》所披露的数据,合同纠纷一审的统计数据如表4.3所示。

表 4.3　合同纠纷一审数据统计

年份	收案数/件	结案数/件	调解数/件	判决数/件	调解率/%	判决率/%
1980	10612	10106	6850	690	67.78	6.83
1981	13062	12487	8515	893	68.19	7.15
1982	19460	18840	13185	1364	69.98	7.24
1983	65443	60866	47453	3743	77.96	6.15
1984	118703	109805	88044	6253	80.18	5.69
1985	279876	255419	209772	14331	82.13	5.61
1986	450515	430211	348025	31312	80.90	7.28
1987	460084	582100	462351	50461	79.43	8.67
1988	844512	808565	661508	63464	81.81	7.85
1989	1212440	1184375	933640	111318	78.83	9.40
1990	1113640	1121933	812703	145991	72.44	13.01
1991	1053133	1079121	698393	205118	64.72	19.01
1992	1166279	1161390	746199	228628	64.25	19.69
1993	1463714	1453160	942704	275892	64.87	18.99
1994	1755885	1747379	1102077	340012	63.07	19.46
1995	2126191	2118238	1291208	438086	60.96	20.68
1996	2569174	2549706	1446307	290956	56.72	11.41
1997	2633152	2610719	1377925	724586	52.78	27.75
1998	2629992	2627226	1201870	868600	45.75	33.06
1999	2824968	2828461	1203104	992290	42.54	35.08
2000	2507271	2531173	926101	997902	36.59	39.42
2001	2351913	2359661	776184	1000634	32.89	42.41
2002	2266695	2251113	617769	1019161	27.44	45.27
2003	2266476	2269167	602251	1017418	26.54	44.84
2004	2247841	2235890	625442	946910	27.97	42.35

续表

年份	收案数/件	结案数/件	调解数/件	判决数/件	调解率/%	判决率/%
2005	2265362	2255651	646934	930483	28.68	41.25
2006	2240759	2236888	634672	926504	28.37	41.42
2007	2463775	2440738	716882	980987	29.37	40.19
2008	2933514	2905603	930436	1095945	32.02	37.72
2009	3151716	3154367	1010991	1103888	32.05	35.00
2010	3222555	3239740	1108861	1016249	34.23	31.37

根据表 4.3(合同纠纷一审数据统计)的数据,笔者制作了图 4.4(合同纠纷一审结案数量增长情况)和图 4.5(合同纠纷一审调解率趋势)。

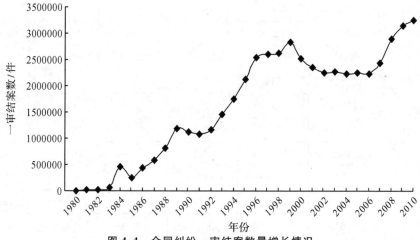

图 4.4　合同纠纷一审结案数量增长情况

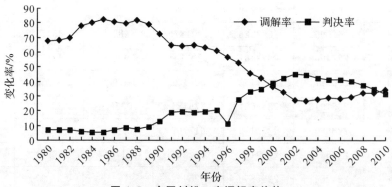

图 4.5　合同纠纷一审调解率趋势

观察表 4.3、图 4.4 和图 4.5,可以发现一审合同诉讼具有以下几个特点:

其一,合同纠纷结果量呈现快速增长的趋势。如图 4.4 所示,虽然结案数在 1999 年以后有所放缓,但是整体上呈现出快速增长的态势。如选取 1980 年、1990 年、2000 年、2010 年四个时间点,可发现,1980 年我国合同纠纷结案数为 10106 件;1990 年为 1121933 件;2000 年为 2531173 件;2010 年为 3239740 件。前两个十年,以超过百万的数量增长,第三个十年也增长了 70 万件。

其二,调解率呈现出先降后升的趋势。如图 4.5 所示,从 1980 年至 2003 年,调解率虽然有所波动,但是整体上出现了显著下滑的趋势,直至 2003 年才止住。而 2003 年以后,调解率呈现出缓慢上升的态势。2003 年的调解率为 26.54%,至 2010 年,调解率仅为 34.23%。作为调解率的参照,合同纠纷判决率则表现出相反的趋势。在此期间,调解率与判决率出现两次换位的情况,这两年分别为 2000 年和 2010 年。

此外,需要注意的是,合同纠纷案件在我国民事案件的总体中占据了重要位置。如表 4.4 和图 4.6 所示,1980 年,一审合同纠纷案件在全部民事案件中的比重不到 2%,而至 1996 年,这一比重升至 82.64%。虽然在 2001 年以后这一比重有所下降,但始终保持在 50% 以上。易言之,合同纠纷的结案形式对民事诉讼调解率具有举足轻重的影响!

表 4.4　合同纠纷一审结案数占比

年份	民事案件结案数/件	合同纠纷结案数/件	其他民事案件结案数/件	合同纠纷结案数占比/%
1980	555078	10106	544972	1.82
1981	662800	12487	650313	1.88
1982	778358	18840	759518	2.42
1983	751723	60866	690857	8.10
1984	855179	109805	745374	12.84
1985	852436	255419	597017	29.96
1986	978990	430211	548779	43.94
1987	1196494	582100	614394	48.65
1988	1419056	808565	610491	56.98
1989	1808535	1184375	624160	65.49
1990	1849728	1121933	727795	60.65

续表

年份	民事案件 结案数/件	合同纠纷 结案数/件	其他民事案件 结案数/件	合同纠纷 结案数占比/%
1991	1910013	1079121	830892	56.50
1992	1948949	1161390	787559	59.59
1993	2091651	1453160	638491	69.47
1994	2382174	1747379	634795	73.35
1995	2718533	2118238	600295	77.92
1996	3093995	2549706	544289	82.41
1997	3277572	2610719	666853	79.65
1998	3360028	2627226	732802	78.19
1999	3517324	2828461	688863	80.42
2000	3418481	2531173	887308	74.04
2001	3457770	2359661	1098109	68.24
2002	4393306	2251113	2142193	51.24
2003	4416168	2269167	2147001	51.38
2004	4303744	2235890	2067854	51.95
2005	4360184	2255651	2104533	51.73
2006	4382407	2236888	2145519	51.04
2007	4682737	2440738	2241999	52.12
2008	5381185	2905603	2475582	54.00
2009	5797160	3154367	2642793	54.41
2010	6112695	3239740	2872955	53.00

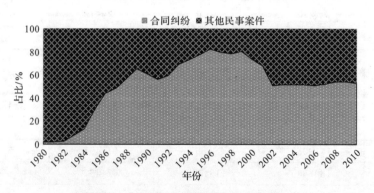

图 4.6　合同纠纷与其他民事案件的对比

4.2.3　权属、侵权诉讼调解率

准确地说,权属、侵权纠纷是婚姻家庭、继承纠纷和合同纠纷以外民事纠纷的总和。易言之,权属、侵权纠纷构成了民事纠纷三大类的兜底性分类。例如,在 2002 年度的《全国法院司法统计公报》中,第三大类民事纠纷的类别命名为"权属、侵权纠纷及其他民事纠纷"。在此大类中,既包括传统的人身损害赔偿,也将知识产权纠纷等收入统计范围之内。由于 2002 年以后(包括 2002 年),我国法院系统推行新的司法统计标准。由此,需要根据新的标准对 2002 年以前的统计数据进行整理。在笔者看来,在 2002 年之前的统计口径中,民事案件中的"赔偿""知识产权""人身权""房屋",经济案件中的"经济损害赔偿纠纷""经济权属纠纷""海事海商纠纷",与 2002 年以后的"权属、侵权纠纷"大致相当。①

根据《全国人民法院司法统计历史资料汇编:1949—1998》《中国法律年鉴》《最高人民法院公报》所披露的数据,权属、侵权纠纷一审的统计数据如表 4.5、图 4.7 和图 4.8 所示。

表 4.5　权属、侵权纠纷一审结案数统计

年份	民事案件结案数/件	权属、侵权纠纷结案数/件	其他民事案件结案数/件	权属、侵权纠纷结案数占比/%
1980	555078	226743	328335	40.85
1981	662800	252194	410606	38.05
1982	778358	309576	468782	39.77
1983	751723	285042	466681	37.92
1984	855179	314826	540353	36.81
1985	852436	298218	554218	34.98
1986	978990	290350	688640	29.66
1987	1196494	309811	886683	25.89
1988	1419056	301849	1117207	21.27
1989	1808535	396661	1411874	21.93
1990	1849728	368477	1481251	19.92

①　需要说明的是,大致相当不等于绝对相等。例如"房屋"统计项中就涉及房屋买卖合同这一属于合同纠纷范围的数据。

续表

年份	民事案件结案数/件	权属、侵权纠纷结案数/件	其他民事案件结案数/件	权属、侵权纠纷结案数占比/%
1991	1910013	385430	1524583	20.18
1992	1948949	366856	1582093	18.82
1993	2091651	400361	1691290	19.14
1994	2382174	457979	1924195	19.23
1995	2718533	527583	2190950	19.41
1996	3093995	614697	2479298	19.87
1997	3277572	655910	2621662	20.01
1998	3360028	737563	2622465	21.95
1999	3517324	807455	2709869	22.96
2000	3418481	831315	2587166	24.32
2001	3457770	884960	2572810	25.59
2002	4393306	864677	3528629	19.68
2003	4416168	880408	3535760	19.94
2004	4303744	907508	3396236	21.09
2005	4360184	972075	3388109	22.29
2006	4382407	986082	3396325	22.50
2007	4682737	1026223	3656514	21.92
2008	5381185	1154946	4226239	21.46
2009	5797160	1262051	4535109	21.77
2010	6112695	1444615	4668080	23.63

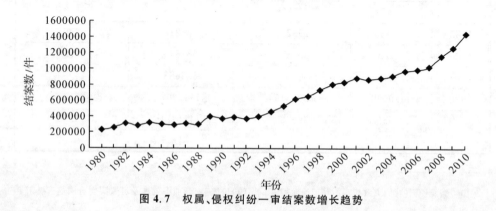

图 4.7 权属、侵权纠纷一审结案数增长趋势

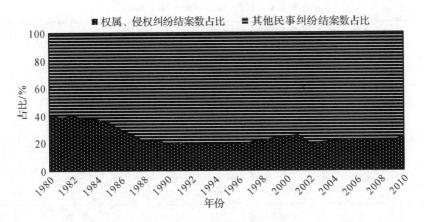

图 4.8　权属、侵权纠纷与其他民事纠纷对比

如表 4.5 和图 4.7 所示,从 1980 年至 2010 年,该类案件结案数量一直保持着快速增长的趋势。1980 年的结案数为 226743 件,1990 年为 368477 件,2000 年为 831315 件,2010 年达到 1444615 件。仅以第三个十年计算,该阶段结案量增加了 613300 件,增长了 77.37％。同时,在观察结案数这个绝对值时,我们需要将此类案件和民事结案总量进行对比,如图 4.8 所示,该类型案件在整个结案数中的占比走势,与其结案绝对数的上升趋势不同,它保持着相对平稳的变动趋势。其占比在 80 年代甚至还略微下降。进入 90 年代,该占比虽略有波动,但基本保持平稳的态势。据测算,1990—2010 年,该时期内的平均占比为 21.22％。

与合同纠纷相似,权属、侵权纠纷调解率与判决率也发生了两次交集。第一次交集发生在 1997 年,第二次交集发生在 2010 年。在 1997 年以前,权属、侵权纠纷调解率始终高于判决率,1985 年达至最高值(69.77％)。在 1997 年这个时间点上,权属、侵权纠纷判决率(39.37％)首次超过了调解率(38.08％)。此后,调解率一直低于判决率,直至 2010 年才赶超。2010 年的调解率为 39.04％,判决率为 34.00％,如表 4.6 和图 4.9 所示。

从调解率的走势来看,权属、侵权纠纷的调解率呈现出先下滑后上升的趋势。其间的拐点为 2002 年。2002 年的调解率为历年最低(18.94％)。与合同纠纷调解率不同的是,权属、侵权纠纷调解率上升较为快速。从 2002 年至 2010 年,调解率增长了 106％。

表 4.6　权属、侵权纠纷一审调解率

年份	收案数/件	结案数/件	判决数/件	调解数/件	调解率/%	判决率/%
1980	233805	226743	27224	149174	65.79	12.01
1981	255854	252194	33118	162338	64.37	13.13
1982	310844	309576	43972	199378	64.40	14.20
1983	287281	285042	42398	193551	67.90	14.87
1984	307429	314826	45426	217977	69.24	14.43
1985	295621	298218	49059	208071	69.77	16.45
1986	291303	290350	57189	199654	68.76	19.70
1987	312750	309811	70642	195523	63.11	22.80
1988	346473	301849	78234	206568	68.43	25.92
1989	399000	396661	106474	231251	58.30	26.84
1990	367024	368477	111636	192981	52.37	30.30
1991	375299	385430	137231	181105	46.99	35.60
1992	364870	366856	124684	170343	46.43	33.99
1993	403021	400361	134858	186843	46.67	33.68
1994	460804	457979	152036	212728	46.45	33.20
1995	531804	527583	185295	230969	43.78	35.12
1996	620670	614697	225861	256148	41.67	36.74
1997	667451	655910	258244	249740	38.08	39.37
1998	748643	737563	313241	247113	33.50	42.47
1999	809342	807455	358174	249229	30.87	44.36
2000	832138	831315	392117	226388	27.23	47.17
2001	891032	884960	428014	229896	25.98	48.37
2002	869013	864677	405094	163743	18.94	46.85
2003	879723	880408	383443	167964	19.08	43.55
2004	923516	907508	380663	202748	22.34	41.95

续表

年份	收案数/件	结案数/件	判决数/件	调解数/件	调解率/%	判决率/%
2005	981400	972075	403578	239915	24.68	41.52
2006	985147	986082	419104	257754	26.14	42.50
2007	1039893	1026223	417614	287842	28.05	40.69
2008	1158703	1154946	448430	349525	30.26	38.83
2009	1268736	1262051	456423	428968	33.99	36.17
2010	1444887	1444615	491173	563922	39.04	34.00

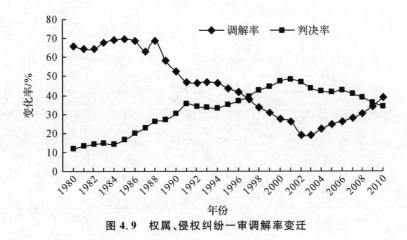

图 4.9 权属、侵权纠纷一审调解率变迁

4.3 调解率的类型化比较

民事案件的三大类型,在社会的整体背景下,会呈现相近或者类似的特征。同时,由于各自所涉及的法律关系具有一定的特殊性,在整体背景下亦会出现一定的差异。从学术研究的角度而言,此种差异应当用放大镜加以放大,从而得到有意义和有价值的发现。

基于上述考虑,笔者将三大类型的案件结案数和调解率综合在一起,采取横向年度的方式加以比较,如表 4.7、图 4.10 和图 4.11 所示。

表 4.7 三大类型民事纠纷的结案数与调解率

年份	民事案件结案数/件	婚姻家庭、继承纠纷结案数/件	合同纠纷结案数/件	权属、侵权纠纷结案数/件	婚姻家庭、继承纠纷调解率占比/%	合同纠纷调解率占比/%	权属、侵权纠纷调解率占比/%
1980	555078	318229	10106	226743	71.53	67.78	65.79
1981	662800	398119	12487	252194	71.81	68.19	64.37
1982	778358	449942	18840	309576	70.67	69.98	64.40
1983	751723	445470	60866	285042	73.58	77.96	67.90
1984	855179	505548	109805	314826	73.55	80.18	69.24
1985	852436	483425	255419	298218	75.01	82.13	69.77
1986	978990	565385	430211	290350	74.06	80.90	68.76
1987	1196494	669379	582100	309811	72.10	79.43	63.11
1988	1419056	758822	808565	301849	70.51	81.81	68.43
1989	1808535	895892	1184375	396661	67.22	78.83	58.30
1990	1849728	956357	1121933	368477	63.06	72.44	52.37
1991	1910013	1027337	1079121	385430	59.10	64.72	46.99
1992	1948949	1061694	1161390	366856	57.88	64.25	46.43
1993	2091651	1113673	1453160	400361	58.04	64.87	46.67
1994	2382174	1213558	1747379	457979	57.59	63.07	46.45
1995	2718533	1330955	2118238	527583	56.19	60.96	43.78
1996	3093995	1414922	2549706	614697	54.55	56.72	41.67
1997	3277572	1443860	2610719	655910	52.23	52.78	38.08
1998	3360028	1442312	2627226	737563	49.61	45.75	33.50
1999	3517324	1414628	2828461	807455	47.89	42.54	30.87
2000	3418481	1362052	2531173	831315	46.34	36.59	27.23
2001	3457770	1361140	2359661	884960	45.14	32.89	25.98
2002	4393306	1277516	2251113	864677	43.09	27.44	18.94
2003	4416168	1266593	2269167	880408	43.58	26.54	19.08

年份	民事案件结案数/件	婚姻家庭、继承纠纷结案数/件	合同纠纷结案数/件	权属、侵权纠纷结案数/件	婚姻家庭、继承纠纷调解率占比/%	合同纠纷调解率占比/%	权属、侵权纠纷调解率占比/%
2004	4303744	1160346	2235890	907508	43.66	27.97	22.34
2005	4360184	1132458	2255651	972075	45.29	28.68	24.68
2006	4382407	1159437	2236888	986082	46.04	28.37	26.14
2007	4682737	1215776	2440738	1026223	46.13	29.37	28.05
2008	5381185	1320636	2905603	1154946	46.45	32.02	30.26
2009	5797160	1380762	3154367	1262051	47.73	32.05	33.99
2010	6112695	1428340	3239740	1444615	48.93	34.23	39.04

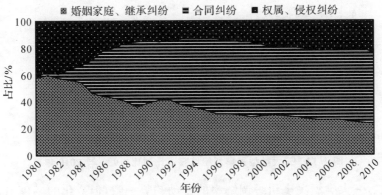

图 4.10　三大类型民事纠纷结案数比较

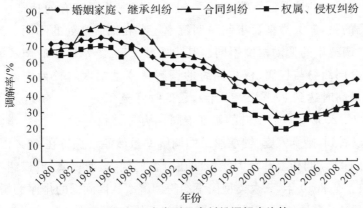

图 4.11　三大类型民事纠纷调解率比较

分析表 4.7、图 4.10 和图 4.11，可以发现三大类型民事纠纷的如下特点：

其一，三大类型案件结案量占比排序有较大变动，合同纠纷取代婚姻家庭、继承纠纷，成为当前法院民事审判的主要内容。如图 4.10 与图 4.11 所示，在过去的三十年中，三大类型民事案件的结案数占比发生了显著的变化。这种变化表现为合同纠纷结案数增长迅速，其占比从不到 2%（1980 年）上升到 50% 以上（2010 年）。如图 4.12 所示，从 1988 年起，合同纠纷结案比一直居高不下，最高值为 80%（1999 年），最低值为 50%（2006 年）。至 2010 年，这一占比为53%。与合同纠纷结案数占比快速增长不同的是，其他两大类型民事案件结案总量虽然有所增长，但是占比却有所下降。其中，婚姻家庭、继承纠纷的结案数占比下降明显，从 57%（1980 年）下降至 23%（2010 年）。权属、侵权纠纷的占比，从 41%（1980 年）下降至 24%（2010 年）。

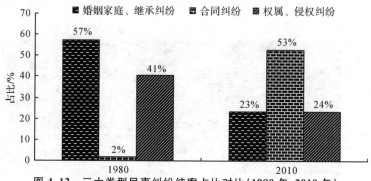

图 4.12　三大类型民事纠纷结案占比对比（1980 年、2010 年）

其二，三大类型民事纠纷调解率的变动趋势一致，但变化的幅度有所不同。总体而言，三大类型民事纠纷调解率都经历了大幅下滑、小幅回升的变化，期间以 2002 年为拐点。这是三大类型民事纠纷调解率共同享有的特征。然而，仍然需要注意的是，三大类型民事纠纷调解率还存在细微之处的不同。这些不同主要有：(1)调解率的变动幅度不同。其中婚姻家庭、继承纠纷的调解率变化幅度最小，而合同纠纷与权属、侵权纠纷的调解率变动幅度均较为剧烈。例如合同纠纷，其最高时达到 82%（1985 年），最低时降至 27%（1997 年），下降了近 55个百分点。(2)2002 年以后上升的幅度不同。从图 4.11（三大类型民事案件调解率比较）可以看到，婚姻家庭、继承纠纷的调解率虽然始终保持在 40% 以上，但是其增长相对平缓。同样上升较为缓慢的还有合同纠纷，而权属、侵权纠纷的调解率上升较快。至 2010 年，三大类型民事纠纷调解率从高到低的排序为婚姻家庭、继承纠纷（48%），合同纠纷（34%），权属、侵权纠纷（39%）。

4.4　本章小结

通过对三大类型民事纠纷的调解率数据的梳理,可以发现,在整体的变化趋势上,各类型民事案件的调解率走向是一致的。然而,在这种一致性背后,笔者挖掘到了种种差异。这种差异主要有:(1)民事案件总体的构成发生了显著的变化。从早期的婚姻家庭、继承纠纷占据主导地位,向合同纠纷唱主角转变。这种变化必然会对调解率产生影响。(2)三大类型民事案件的调解率有所不同。2002 年以后,婚姻家庭、继承纠纷的调解率高于其他两种类型案件的调解率。(3)合同纠纷的调解率变化趋势剧烈。

上述发现,对论文产生了解释需求,这些需求有:(1)为何婚姻家庭、继承纠纷的调解率高?(2)合同纠纷调解率的变化为何呈现下降快上升慢的变化?(3)民事案件构成内容的变化对调解率产生了什么样的影响?

第5章 合同诉讼调解率变迁解释

5.1 为什么要研究合同诉讼调解率

在上一章中,数据显示,合同纠纷数量在我国民事诉讼结案总数中占据了近四分之三。同时,如表5.1和图5.1所示,虽在个别年份略有差异,但合同类型民事纠纷的调解率与我国民事诉讼调解率的波动变化趋势基本吻合。这一现象也从另一个角度说明了解释合同诉讼调解率的变化对解释民事诉讼调解率变化的意义。

表 5.1　民事纠纷与合同纠纷一审调解率　　　　　（单位：%）

年份	民事纠纷 一审调解率	合同纠纷 一审调解率	年份	民事纠纷 一审调解率	合同纠纷 一审调解率
1981	68.90	68.19	1992	62.40	64.25
1982	68.20	69.98	1993	59.80	64.87
1983	71.90	77.96	1994	58.80	63.07
1984	72.90	80.18	1995	57.00	60.96
1985	75.30	82.13	1996	53.90	56.72
1986	74.80	80.90	1997	50.50	52.78
1987	73.00	79.43	1998	45.00	45.75
1988	73.80	81.81	1999	42.10	42.54
1989	71.30	78.83	2000	37.70	36.59
1990	65.70	72.44	2001	35.10	32.89
1991	59.60	64.72	2002	30.30	27.44

年份	民事纠纷 一审调解率	合同纠纷 一审调解率	年份	民事纠纷 一审调解率	合同纠纷 一审调解率
2003	29.90	26.54	2007	33.40	29.37
2004	31.00	27.97	2008	35.20	32.02
2005	32.10	28.68	2009	36.20	32.05
2006	32.50	28.37	2010	38.80	34.23

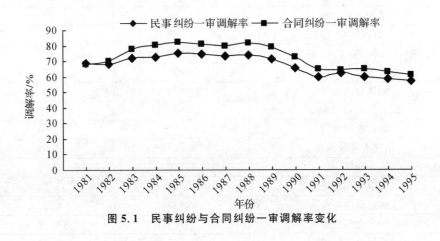

图 5.1　民事纠纷与合同纠纷一审调解率变化

5.2　研究合同诉讼调解率的基本方法

　　然而,解释合同诉讼调解率的变化也遇到了一个同样的难题,就是合同案件又包括很多类型。根据我国《民事案件案由规定》,合同诉讼的基本类型有 40 大类,139 小类,而限于篇幅和研究者的精力,论文无法对所有的合同纠纷类型做无遗漏的考察。因此,首要的任务是确定少数几个合同类型,使得对这几个合同类型的考察可以基本上覆盖整个合同案件诉讼调解率变化的情况。

　　通过对统计数据的初步分析发现,有三类合同纠纷对合同诉讼调解率的变化发挥着决定性的影响,这三类合同纠纷分别是借款合同纠纷、买卖合同纠纷和劳动合同纠纷。以 2009 年人民法院受理的合同案件为例,人民法院共受理合同纠纷案件 3151716 件,其中各类型合同纠纷的受理数量及占整个合同纠纷诉讼的比重如表 5.2 所示。

表 5.2　2009 年人民法院受理合同纠纷类型占比

合同纠纷类型	受理量/件	占比/%
借款合同纠纷	978013	31.03
买卖合同纠纷	591425	18.77
劳动合同纠纷	318643	10.11
电信合同纠纷	115663	3.67
租赁合同纠纷	135047	4.28
劳务合同纠纷	86514	2.74
居间合同纠纷	7826	0.25
房地产开发经营合同纠纷	127972	4.06
供用电、水、气、热合同纠纷	79236	2.51
建设工程合同纠纷	87201	2.77
承揽合同纠纷	75773	2.40
农村承包合同纠纷	38837	1.23
服务合同纠纷	176799	5.61
信用卡合同纠纷	53157	1.69
经营合同纠纷	35010	1.11
保险合同纠纷	41752	1.32
运输合同纠纷	22440	0.71
担保合同纠纷	20200	0.64
委托合同纠纷	17529	0.56
借用合同纠纷	4019	0.13
海商合同纠纷	6864	0.22

　　如表 5.2 所示,在法院所审理的合同纠纷中,排在前三位的合同纠纷分别为借款合同纠纷(31.03%)、买卖合同纠纷(18.77%)和劳动合同纠纷(10.11%)。这三大类合同纠纷占据了全部合同纠纷诉讼近 60% 的比例。因此,对此三大类型合同纠纷的解决进行分析,能够在一定程度上帮助我们了解合同纠纷的整体样态。①

---

　　① 值得注意的是,关于买卖合同,我国司法统计的口径与立法有所出入。我国《合同法》第九章关于买卖合同的立法模式,采取了一般与特殊的立法条文排列,即一般买卖合同与特殊买卖合同。《合同法》第一百三十条规定的是一般买卖合同。同时,第九章还规定了六类特殊买卖合同类型,即分期付款买卖合同(第一百六十七条)、凭样品买卖合同(第一百六十九条)、试用买卖合同(第一百七十条)、招标、投标买卖合同(第一百七十二条)、拍卖合同(第一百七十三条)、互易合同(第一百七十五条)。在最高人民法院发布的《民事案件案由规定》中,规定了三种案由,即买卖合同纠纷、招标投标买卖合同纠纷和拍卖合同纠纷三类。其中买卖合同纠纷中包括分期付款买卖合同纠纷、凭样品买卖合同纠纷、试用买卖合同纠纷、互易合同纠纷、国际货物买卖合同纠纷和房屋买卖合同纠纷。在审判实践中,从各业务庭审判分工,一般把国际货物买卖合同纠纷归类于涉外审判,把房屋买卖合同纠纷归类于民事审判。

5.3　合同纠纷的形成过程

在法社会学意义上,任何纠纷的形成,都是诸多因素合力作用的结果。按照美国学者劳拉·纳德尔(L. Nader)等人所建立的纠纷分析框架,一个纠纷的形成往往经历了如下三个阶段:一是"不满"或前冲突阶段(the grievance or preconflict),这是一个单向的过程,指当事人意识到或觉得自己受到不公平待遇或者权益受侵害,从而心怀不满,并可能采取某些单向的行动(诸如忍受、回避和提出问题)的过程。二是冲突阶段(conflict stage),这是一个双向的过程,指受害方选择对抗,并向侵害方表达不满的冲突阶段。冲突也可通过侵害方实施强力或与受害方谈判解决而升级或者减缓。三是"纠纷"处理阶段(the dispute stage),这是一个三方参与的过程,冲突由于被公开化而升级导致纠纷,其意义在于,纠纷对周围的人和社会产生了一定的影响。[①] 当然,并不是所有的纠纷都经历了上述形成过程,受害方也可以不与侵害方对抗而直接选择纠纷讼诉。

将上述分析框架,应用至借款合同纠纷、买卖合同纠纷及劳动合同纠纷这些具体情境,则可以发现三大类合同纠纷形成过程中的诸多特质,我们可以将这一过程称为"染色"或者"具体化"的过程。

5.3.1　借款合同纠纷的形成过程

首先,在前冲突阶段,借款人与出借人(贷款人)都容易产生不满,借款人对于出借人的不满,可能源于出借人高额的利息或者苛刻的还款条件;而出借人对于借款人的不满,则可能源于借款人迟延给付本金及利息,或者未按照合同的约定用途使用借款。当然,这种不满,也可能源起于双方当事人对借款信息的非真实陈述。正如学者所言:"贷款人将钱款借予借款人,建立在借款人能够按期返还借款及其利息的合理预期上,而借款人能否如期归还借款及其利息,与其现有的活

---

① Nader L, Todd H F. The Disputing Process: Law in Ten Societies. New York: Columbia University Press, 1978: Introduction.

动及财务状况有着紧密的联系。"①在现实生活中，一方当事人为了获得借款，往往会对自身的财务情况和信用情况进行美化，造成对方当事人对信息的误判。随着合同的履行，出借人对于对方真实情况有了深入的了解，往往会引起出借人的不满。

其次，在冲突阶段，借款人与出借人之间进行不满的表达与对抗。出借人可以通过采取各种措施，迫使借款人按照借款合同的约定，按时归还借款本金与利息，或者要求借款人将所借款项用于约定的项目。这些措施包括各种形式的书面函件或口头通知。当然，在借款合同的冲突阶段，其产生的重要原因在于出借人通过合同的履行，进一步获得了借款人的真实信息。在信息的甄别过程中，对借款人还款能力的进行重新评估，并产生了对于借款人未来还款的低值预期。在自然人之间的借款冲突阶段，出借人往往采取抱怨的形式向借款人表达自己的不满，同时往往伴随着让借款人提前偿还借款的要求。由于自然人之间的借款，多建立在较为亲密的关系基础上，当事人之间具有较高的信任度，借款人在获得借款时并未提供相应的担保。当事人之间一旦发生违反合同约定的情形，极容易导致彼此信任关系的裂痕，由此发生剧烈冲突。②与此形成对比的是，金融机构对于其与借款企业或个人之间的冲突，已经形成了一套较为成熟的风险管理体系。企业或个人获得借款时，需要提供相应的担保。当冲突发生时，金融机构因有借款人提供的担保而具有较低的风险损失预期。同时，金融机构与企业或个人之间力量对比相差悬殊，发生不满时，冲突往往不如自然人借款冲突剧烈。③

最后，在纠纷的处理阶段。"纠纷的过程是一个争论的过程，争论的内容是关于对社会关系和社会事实的解释。双方对事情都提出了自己的描述，每一方都努力把自己对这一情景的描述确立为权威的、有约束力的描述。第三方也在通过明确的权威形式努力控制事实的意义和结果。法律代表了一系列非常重

---

① 崔建远：《合同法》（第五版），法律出版社 2010 年版，第 420 页。

② 近年来所爆发的民间借贷纠纷，较为明显地体现了这一点。以温州为例，由于活跃的市场经济和严格的金融借贷体系，温州从事商业经营的商人往往需要以高额利息从亲戚朋友处获得经营资金。此种借贷以持续的商业回报为基础。房地产行业的虚假繁荣进一步放大了此种民间借贷风险。当房地产行业遇冷时，民间借贷集中爆发，大批投机于房地产行业的投机客之间，冲突被放大，导致不少经营者"跑路"或跳楼。

③ 自然人之间的借贷与银企之间的借贷，代表着两种不同的治理模式，即关系治理（relation-governance）与规则治理（rule-governance）。关于关系治理与规则治理的理论分析，参见：Li J S. Relation-based versus rule-based governance: A explanation of the east asian miracle and asian crisis. Review of International Economics, 2003, 11(4):651-673.

要的象征性意义。"①从冲突的发生形态来看,进入纠纷处理阶段,意味着当事人之间的冲突阶段的不满表达与自我救济已经无助于纠纷的解决。就借款合同的形成过程来看,在进入法律的处理程序前,该纠纷往往经历了多重的交涉过程。在中国的具体语境中,往往包括当事人之间面对面的谈判,第三人的介入调停等。因此,借款合同的纠纷往往在进入法院之前,已经经过多重的过滤网"拦截"。正如纳达尔所说:"法律是社会控制的一种形式,但并非是最为必要的形式。"②在不同利益的博弈下,大部分的借款纠纷,可以较为良好地解决。真正进入法律程序的案件,往往表现为如下几种形式:其一,借款人无力偿还或者有心拖欠出借人的借款,使出借人在尝试诸多手段后依旧无法实现其债权;其二,借款人与出借人对于债务的偿还出现重大的分歧,如对于利息的计算、债务的履行时间等。

5.3.2　买卖合同纠纷的形成过程

买卖是人们日常生活中最为常见的、最普通的民事行为。在当今市场分工极为发达的今天,如果没有买卖(交易)行为,人们几乎无法生存。③ 市场交易的活跃,也就意味着产生了大量的买卖合同。正如学者所言:"买卖合同是商品交换发展到一定阶段的产物,是商品交换最基本、最重要的法律形式……合同法的理论也大多由买卖合同发展而来。"④按照市场交易的等价原则,合同当事人通过市场交易,获得了他所需要的货物或者服务。在此意义上,买卖合同纠纷的形成,其根源在于合同交易的目的未得到充分的实现。

在买卖合同纠纷形成的第一个阶段,合同当事人(出卖人、买受人)已经就合同的缔结、合同约定内容或者合同的履行情况产生不满。例如,在商品房买卖过

---

① [美]萨利·安格尔·梅丽:《诉讼的话语——生活在美国社会底层人的法律意识》,郭星华、王晓蓓、王平译,北京大学出版社 2007 年版,第 10 页。

② Nader L. No Access to Law: Alternative to the American Judicial System. New York: Academic Press,1980.

③ 事实上,专业分工并不是经济领域的独有现象。在社会领域中,政治、行政和司法领域的职能越来越呈现出专业化和精细化的趋势,对科学和艺术来说也是如此。正如涂尔干在其博士论文《社会分工论》中所说:"我们的时代,早已不再是以哲学为唯一科学的时代,它已经分解成为许许多多的专业学科,每个学科都有自己的目的、方法乃至精神气质。"参见[法]埃米尔·涂尔干:《社会分工论》,渠涛译,社会科学文献出版社 2000 年版,导论第 2 页。

④ 崔建远:《合同法》,法律出版社 2010 年第 5 版,第 384 页。

程中,经常会遇到实际交付的房屋不符合合同的约定,或者开发商迟延交付住房等问题。在问题出现时,不满的消费者也许会采取两种不同的态度:其一,容忍;其二,指出问题。在大多数的情况下,一方当事人采取容忍的态度,其主要原因在于,该买卖合同尚未从根本上被动摇,或者合同的履行利益尚在可以忍受的范围之内。例如,开发商如果仅迟延一天交付房屋,大多数的购买者都会采取忍受的态度。当然,当买卖合同的履行情况已经严重地违反了合同的约定,损害了对方当事人的利益时,大多数的当事人会采取指出问题的态度,以便于问题的解决。

在买卖合同纠纷的第二阶段,即出卖人与买受人的冲突阶段。在此阶段,当事人之间发生了正面和直接的冲突。在这一过程中,出卖人与买受人之间就交付标的物、支付价款等义务的履行相互表达不满。例如,在未约定合同履行顺序的买卖合同中,出卖人要求买受人支付约定的价款,而买受人则要求出卖人先交付合同约定的标的物。当然,上述所举的例子是合同纠纷中最为简单的例子,而在合同实践中则复杂得多。仅以支付价款为例,买受人往往采取多种多样的理由来对抗出卖人要求支付价款的要求。这些情形包括:一是小额买卖、又无书面合同的情况下,买受人往往抗辩自己不是购买者,不应当承担付款责任。二是职务行为与非职务行为的问题。出卖方供货后,由买受方的工作人员签字确认收货的情况下,在纠纷发生时,买受人否认签字人是其单位的工作人员,拒绝付款。三是挂靠企业的买卖欠款的处理。[①] 挂靠者对外欠款的责任承担问题在法律上规定得不清楚,挂靠者与被挂靠者往往互相推诿。在这一阶段,出卖人与买受人之间的冲突还处于双方控制的形态下,双方可以通过磋商、协调、沟通等方法进行处理。换言之,买卖合同纠纷的第二阶段,还处于当事人之间自我治理的阶段,具有一定的非公开性。[②]

在买卖合同纠纷的处理阶段。在这一阶段,出卖人与买受人之间的矛盾已

---

① 所谓企业挂靠,是指一些企业、个人在投资创办初期或发展过程中,出于一定目的挂靠在不同经济性质的企业名下。挂靠者与被挂靠者大多签有挂靠协议,挂靠者向被挂靠者交纳管理费,被挂靠者对挂靠者没有任何投资,一般只负责为挂靠者办理营业执照、税务登记等各类证照。挂靠的形式有"公开挂靠"和"秘密挂靠"两种。"公开挂靠"是指挂靠者与被挂靠者有挂靠协议,挂靠者向被挂靠者交纳管理费,挂靠者对外以自己名义开展经营活动。"秘密挂靠"是指挂靠者与被挂靠者秘密签有协议,挂靠者向被挂靠者交纳管理费,挂靠者以被挂靠者名义对外经营。

② 笔者就曾经历过类似的买卖合同纠纷案件。在这起案件中,作为供货方的制药公司与作为买方的药房就药品的货款支付问题发生纠纷。制药公司的一名职员在职期间(已离职),以私人名义供给药房一批假药,后该批假药被执法部门查处。药房以假药造成损失为由,拖延支付制药公司的药品货款,要求制药公司帮助解决该职员造成的药房损失。该起纠纷经过多次的协商、谈判,终以药房支付货款解决。在此过程中,制药公司通过寻找离职职员的亲属、聘请律师等方式帮助讨债,而这些方式都处于相对的非公开状态。

经激化,而通过彼此之间的协商与沟通,已经无助于纠纷的解决。此时,买卖双方往往需要借助于第三方的介入加以协调。求助于第三方,也就意味着买卖双方的纠纷已经进入了公共领域。正如学者所言:"公共领域一直以来就存在于社会之中。当第三方卷入一种双边的日常交易之中时,公共领域最主要、最简单的形式就呈现出来。"①当然,这种第三方,并不仅指向于公权力部门。在买卖合同纠纷的解决过程中,往往还会出现行业协会、商会、消费者权益保护协会等社会组织,这些组织对纠纷的处理提供相关的建议,以帮助买卖双方达成纠纷和解的协议。在此过程中,纠纷双方对建议的采纳,主要取决于这些社会组织本身的声誉和公信力。在社会组织之外,还存在着提供纠纷解决服务的公权力机关,如法院。与社会组织相比,司法机关所提供的纠纷解决服务,具有国家强制力的特性(即使是调解,不主动履行的,当事人可以申请法院强制执行)。

5.3.3　劳动合同纠纷的形成过程

劳动合同纠纷有狭义与广义之分。狭义的劳动合同纠纷主要是指因追索劳动报酬、经济补偿金发生的纠纷。而广义的劳动合同纠纷,则是指在劳动合同履行过程中,因合同的变更、履行、解除、终止及合同效力的确认等,用人单位与劳动者之间所发生的纠纷,如因劳动合同的解除而发生的纠纷、因工伤发生的纠纷、因劳动报酬发生的纠纷,等等。在司法统计中,对劳动合同纠纷的统计,采用的是广义的劳动合同概念。根据最高人民法院关于民事案件案由的规定,劳动合同纠纷主要包括如下几种情形:(1)确认劳动关系纠纷;(2)集体劳动合同纠纷;(3)劳务派遣合同纠纷;(4)非全日制用工纠纷;(5)追索劳动报酬纠纷;(6)经济补偿金纠纷;(7)竞业限制纠纷。②从上述七大类型中可以发现,在劳动合同纠纷中,主要是劳动者对用人单位发起的一种诉讼(竞业限制纠纷不在其内)。追究其中的缘由,主要在于现代社会中劳动者与雇主之间的不平等状态,或者说劳动者在一定程度上从属于雇主。由此产生经济强者对经济弱者的"压制",纠纷的产生也源于劳动者对雇主"压制"的一种反抗。

在劳动合同纠纷形成的第一阶段,即不满的产生阶段。在现代市场经济

---

①　[英]西蒙·罗伯茨、彭文浩:《纠纷解决过程:ADR与形成决定的主要形式》,刘哲伟、李佳佳、于春露译,北京大学出版社2011年版,第114页。

②　奚晓明:《最高人民法院民事案件案由规定理解与适用》,人民法院出版社2011年版,第291页。

中,劳动者与雇主之间的合作属于互利共赢的模式。易言之,如果能够在劳动合同中确定劳资双方较为均衡的权利义务,并严格按照合同的约定履行,对于劳动者与雇主都是皆大欢喜之事。然而,在实际的劳动关系中,并不存在理想的、完美的合作均衡模式。在劳动合同的缔结过程中,"求职者比那些对自己面试的雇主更清楚地了解自己所坚持的工作伦理规范,雇主则比求职者更清楚地了解自己所提供的这些工作场所的实际职责。为了顺利建立劳动关系,求职者存在夸大自己对努力工作的认同程度的动机;而在雇主方面则将工作说得比它实际要求的付出要低得多"①。目前有些企业工作时间长,工作报酬低,恶性劳动安全事故层出不穷,工作条件不能满足劳动者正常工作生活需要,导致劳动者工作压力大,工作与家庭冲突现象严重。当劳动者本身应当享有的权益不能得到有效保障,劳动者的人格不能得到充分尊重时,自然会引起劳动者的不满。产生不满后,不同经历、处境的劳动者会采取不同的处理方式。在一些劳动密集型产业,由于本身工作技能的非专业性,劳动者处于严重的依附地位,对于雇主的违法行为,如延长工作时间、无加班费等,往往采取隐忍、回避的态度。②与此形成对比的是,在知识密集型企业,由于企业财富的创造高度依赖于企业员工的专业技能和专业知识,劳动者具有较高的交涉能力和相对独立的劳动者人格,在遭遇不公平对待时,往往会正面地回应,表达不满。

在劳动合同纠纷形成的冲突阶段,劳动者与雇主之间就产生的分歧进行交涉。在一定意义上,劳动合同纠纷的冲突阶段,还属于当事人进行自我修复的阶段。当事人之间对于不满的表达,更深层次的目的在于提出改进的要求。这种要求体现为要求对方严格遵守合同,或者要求对合同约定进行修改。在笔者看来,劳动者与雇主之间的冲突,更多地体现为一种信息的再交换。即当事人彼此之间获得了更为全面的信息,由此产生了新的评价。这种评价包括雇主对劳动者工作技能、勤勉程度等的评价,而劳动者则获得了与工作环境、薪酬待遇相关的真实信息。真实信息导致的不满,引发了劳动关系当事人之间的冲突。在冲突阶段,劳动合同纠纷往往面临着两种结果:一种结果是当事人通过交涉消弭纠纷。在法社会学的语境中,交涉,指的是"纠纷解决过程中当事人围绕纠

---

① [美]罗纳德·伊兰伯格:《现代劳动经济学——理论与公共政策》,刘昕等译,中国人民大学出版社 2000 年第 6 版,第 350 页。

② 美国法社会学家布莱克的研究表明,绝大多数权益受到侵害的人都没有向外部寻求救济,相反他们选择了忍让。在布莱克看来,忍让"可能是人们应付误解、不公正、伤害及其他非正常行为的最常见的反应方式"。参见[美]唐·布莱克:《社会学视野中的司法》,郭星华等译,法律出版社 2002 年版,第 84 页。

纷解决所展开的互助行动及其过程"①。通俗地说,就是劳动者与雇主之间讨价还价,根据真实信息,使得彼此之间失衡的权利义务配置均衡化的过程。当然,纠纷的消弭,首要前提在于当事人彼此都具有合作解决纠纷的真实意愿。正如学者所说:"合同能够进行自我强化的关键之处在于,它能够使欺骗者受到惩罚,并且这种惩罚不取决于受害者是否向第三方证明欺骗者已经违背了合同。"②另外一种结果是劳动者与雇主之间的冲突进一步加剧。根据笔者的观察,造成劳资双方进一步对立的情况出现的原因,往往有如下三种:其一,劳动合同纠纷所涉及的利益巨大,无法妥协。例如,在 2010 年发生的广州本田汽车下属的企业劳资纠纷中,数万员工工资的上涨涉及巨大的经济利益,劳资双方分歧巨大,导致了冲突加剧,最终出现了举国瞩目的罢工事件。其二,情绪的对立。也就是通常所说的"斗气"。拉斯韦尔指出,"当事人过分地主张自己的要求时,往往会因为怕丢面子而变得非常固执,难以做出妥协……对体面的考虑扭曲了功利的计算"③。在企业的劳资纠纷中,雇主的粗暴人事管理措施严重辱及劳动者的人格,引发了劳动者的严重不满,导致劳资双方的严重对立。其三,原则的对立。劳动关系当事人可能"为了给自己的主张以正当化的根据而引用道德或者法律规范,有时不知不觉地使本来不过是利益的对立变成了原则的对立,在不能以原则作为交易的心理下,妥协也变得非常困难"④。

　　当劳动合同当事人之间对立严重,无法通过交涉实现纠纷的自我解决时,就往往倾向于向外部寻找资源。由于劳动关系属于特殊的民事关系,经济强者与经济弱者之间的力量不均衡需要公权力部门的介入,如通过立法给予劳动者特殊保护、通过设立专门的劳动执法部门以监督企业对劳动法的遵守。易言之,国家需对劳动纠纷的解决投以特别的关注。当然,不同的社会组织结构,决定了不同国家劳动纠纷的解决框架。在劳动关系的语境下,所谓的社会组织结构,指的是国家、劳动者个体、雇主个体、雇主组织及工会之间的结构性关系。⑤ 在社会中间层组织(如工会、雇主协会)极为发达的情况下,劳动者个体与雇主个体之

---

① 胡平仁、杨夏女:《以交涉为核心的纠纷解决——基于法律接受的法社会学分析》,《湘潭大学学报(哲学社会科学版)》2010 年第 1 期,第 24 页。

② [美]罗纳德·伊兰伯格:《现代劳动经济学——理论与公共政策》,刘昕等译,中国人民大学出版社 2000 年第 6 版,第 351 页.

③ Lasswell H D. Compromise. Encyclopedia of the Social Sciences,1933(4):148.

④ [日]棚濑孝雄:《纠纷的解决与审判制度》,王亚新译,中国政法大学出版社 2004 年版,第 41 页。

⑤ 黄昆:《劳动法主体体系研究》,湖南大学 2008 年度博士论文,第 7 页。

间的冲突,在当事人向工会组织、雇主协会寻求资源支持时,因彼此之间的力量较为均衡,较为容易获得妥协化的处理结果。而在社会中间层组织,尤其是工会作用有限的情况下,劳动者个体与雇主个体之间的冲突,往往需要诉诸国家力量。我国即属于后一种。每年年底,我国的政府(劳动)部门都要发布大量的政策文件,以规范劳务用工行为。在处理农民工欠薪问题上,国家基本上发动了各个部门的力量,以求综合治理这一社会现象。经过长期性的摸索,在处理劳动合同纠纷上,我国形成了"工会(社区)调解—劳动调解仲裁—诉讼"的处理流程。①

正如学者所言:"民事纠纷的形成是一个对纷争进行事实和性质上的认定(naming),对他人进行归咎(blaming),并最后为此向自认造成伤害的加害方主张权利(claiming)的过程。"②只是这种过程在具体的语境中更加复杂化了而已。

5.4　借款、买卖、劳动报酬纠纷调解率变迁

借款合同是指借款人向贷款人借款,到期返还借款并支付利息的合同。根据我国《合同法》的规定,借款合同包括如下四种类型:(1)金融机构作为贷款人向非金融企业或者自然人贷款;(2)金融机构之间的同业拆借;(3)企业组织之间借款;(4)自然人之间、自然人和企业组织之间借款。在《民事案件案由规定》中和人民法院自 2002 年开始使用的司法统计报表中,前三种类型称为借款合同,第四种类型称为民间借贷。③ 这种划分方法与 2001 年以前的统计报表是一致的,换言之,在 2001 年前,经济合同中的借款合同相当于这里的前三种合同案件之和,民事债务案件中的借贷相当于这里的民间借贷。这样一来,就出现了两个"借款合同":一个指的是前三种合同类型之和,一个指的是全部四种类型之和。为了避免混乱,笔者在这里加上"狭义"二字以示区分,也就是说,用"狭义借款合同"表示前三种类型之和,用"借款合同"表示全部四种类型之和(详见表 5.3)。

---

① 参见《劳动争议调解仲裁法》第五条。

② Felstiner W L F, Abel R L, Sarat A. The Emergence and Transformation of Disputes: Naming, Blaming, Claiming. Law & Society Review,1980,15(3/4):631-654.

③ 汪治平:《最高人民法院〈民事案件案由规定(试行)的理解与试用〉》,人民法院出版社 2001 年版,第 111 页。

表 5.3　司法统计数据（借款合同纠纷）

年份	结案数（狭义借款合同）/件	调解（狭义借款合同）/件	调解率（狭义借款合同）/%	结案数（民间借贷合同）/件	调解数（民间借贷合同）/件	调解率（民间借贷合同）/%	结案数（借款合同）/件	调解数（借款合同）/件	调解率（借款合同）/%
1986	33002	29397	89	33944	28566	84	66946	57963	87
1987	67962	60334	89	58499	49068	84	126461	109402	87
1988	169151	157316	93	117850	103802	88	287001	261118	91
1989	251582	223374	89	194549	164067	84	446131	387441	87
1990	216799	182064	84	176420	141921	80	393219	323985	82
1991	178040	135618	76	157974	110758	70	336014	246376	73
1992	182980	135840	74	213177	147275	69	396157	283115	71
1993	267853	200705	75	266399	186778	70	534252	387483	73
1994	306401	225229	74	322111	226443	70	628512	451672	72
1995	416439	295269	71	400890	277630	69	817329	572899	70
1996	550966	347651	63	499325	315558	63	1050291	663209	63
1997	548912	321619	59	529901	311696	56	1078813	633315	59
1998	537898	269593	50	517335	262218	51	1055233	531811	50

在司法统计中，对于买卖合同纠纷的统计也有所变迁。在本书中，买卖合同案件是两种统计数据之和，其中一种是经济合同纠纷中的购销合同纠纷，购销合同（包括供应、采购、预购、购销协议及协作、调剂等合同）是买卖合同的一种，区别于零售合同、房屋买卖合同和拍卖合同，是指平等民事主体的法人、其他经济组织、个体工商户、农村承包经营户之间为了生产和经营的需要所签订的产品供应和采购合同。购销合同发生于生产经营过程中，是联结产品的供应和需求、保证产品顺畅流通的重要手段。购销合同纠纷即关于购销合同的签订、变更、履行等所发生的争议，如果当事人把这种争议提交法院裁决，便形成了购销合同案件。另一种是民事债务案件中的买卖合同纠纷。在司法统计实践中，这类案件的范围大致是购销合同、房屋等不动产买卖合同之外的买卖合同，从数量上看，主要集中于零售合同和民间非商业性的买卖（详见表 5.4）。这里为了表述的方便，我用"狭义买卖合同"表示 2001 年前民事一审案件统计

表中的"买卖"案件,用"买卖合同"表示"狭义买卖合同"与购销合同纠纷之和。①

表5.4　司法统计数据(买卖合同纠纷)

年份	结案数(狭义买卖合同)/件	结案数(购销合同)/件	调解数(狭义买卖合同)/件	调解数(购销合同)/件	判决数(狭义买卖合同)/件	判决数(购销合同)/件	撤诉数(狭义买卖合同)/件	撤诉数(购销合同)/件	调解率(狭义买卖合同)/%	调解率(购销合同)/%	结案数(买卖合同)/件	调解数(买卖合同)/件	调解率(买卖合同)/%
1986	31678	134157	25922	101574	2435	11712	2209	12011	82	76	165835	127496	77
1987	39249	145211	31633	106408	3711	16337	2712	15060	81	73	184460	138041	75
1988	43353	148892	34375	105534	4327	18742	3327	17707	79	71	192245	139909	73
1989	57546	192808	44164	128836	7020	29959	4872	24815	77	67	250354	173000	69
1990	54626	173400	38563	100042	9200	37944	5491	27037	71	58	228026	138605	61
1991	53292	180485	33978	91330	10923	48466	6534	31125	64	51	233777	125308	54
1992	79088	214093	50790	113363	16235	55495	10585	36563	64	53	293181	164153	56
1993	88203	308240	56703	173583	17996	74214	12174	49914	64	56	396443	230286	58
1994	104091	358638	65706	188947	21554	95789	15369	61483	63	53	462729	254653	55
1995	106468	385575	64071	190129	24840	111388	16219	71393	60	49	492043	254200	52
1996	134066	421565	76588	194346	34429	132674	21321	80808	57	46	555631	270934	49
1997	150676	404406	79593	170367	43912	137494	25237	81480	53	52	555082	249960	45
1998	147816	378767	67899	132260	49319	144167	27754	75728	46	35	526583	200159	38

在劳动合同纠纷的统计中,2001年前的司法统计对劳动案件的统计主要包括了劳动报酬纠纷和劳动争议纠纷两种类型;2001年后的司法统计则将劳动案件的统计范围变更为劳动合同纠纷、集体劳动合同纠纷、事实劳动关系争议纠纷、劳动保险纠纷及其他纠纷。基于统计数据收集上的困难,笔者仅仅找到1986—1998年的完整数据(见表5.5)。②

---

① 需要注意的是,在司法统计中,2001年前后的买卖合同纠纷统计范围大致相等。但是,由于房屋的买卖被归入不动产的统计范围,两者存在一定的差异。

② 数据来源于最高人民法院研究室编的《全国人民法院司法统计历史资料汇编:1949—1998(民事部分)》。1998年以后的详细数据,尚未公开。

表 5.5　司法统计数据(劳动争议、劳动报酬纠纷)

年度	结案数（劳动报酬）/件	结案数（劳动争议）/件	调解数（劳动报酬）/件	调解数（劳动争议）/件	判决数（劳动报酬）/件	判决数（劳动争议）/件	撤诉数（劳动报酬）/件	撤诉数（劳动争议）/件	调解率（劳动报酬）/%	调解率（劳动争议）/%
1986	8404		6713		492		897		80	
1987	10458		8081		878		1187		77	
1988	12428		9468		1033		1496		76	
1989	14403		10459		1726		1789		73	
1990	15502		10335		2440		2189		67	
1991	16718		9956		3452		2682		60	
1992	19053	845	11146	468	4276	198	3170	147	58	55
1993	18861	996	10804	449	4361	329	3301	177	57	45
1994	21506	2126	12120	872	5175	793	3786	341	56	41
1995	25231	2841	13703	855	6374	1270	4572	544	54	30
1996	32463	4700	16284	1164	9078	2304	6280	952	50	25
1997	41872	6876	21172	1377	12778	4143	7186	1050	51	20
1998	47375	10830	20863	1826	16497	6377	8979	1926	44	17

为了便于我们直观地分析三大类型合同纠纷的调解率变迁,笔者根据上述数据,制作了调解率变迁图,如图 5.2 所示。

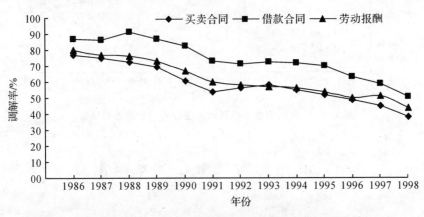

图 5.2　借款合同、买卖合同、劳动报酬纠纷调解率变迁(1986—1998)

　　从图 5.2 中,我们可以发现,从 1986 至 1998 年,合同纠纷中的主要类型,借款合同纠纷、买卖合同纠纷和劳动报酬纠纷,调解率都发生了一致的变化,即呈现出明显的下降趋势。借款合同调解率,从 1988 年的峰值 91%,下滑至 50%(1998 年);买卖合同调解率,从 1986 年的峰值 77%,下滑至 38%(1998 年);劳动报酬纠纷调解率,从 1986 年的 80%,下滑至 44%(1998 年)。令人惊异的是,三大类型合同调解率的年均降幅均为 3%。基于这一发现,笔者使用 Excel 中的趋势函数(见表 5.6),对三大类型合同纠纷的调解趋势进行了计算,结果如图 5.3 所示。

表 5.6　三大类型合同纠纷调解率变迁趋势函数

类型	趋势函数公式	R^2 值
借款合同纠纷	$y = -0.0296x + 0.9497$	0.9009
劳动报酬纠纷	$y = -0.0291x + 0.8220$	0.9585
买卖合同纠纷	$y = -0.0295x + 0.7981$	0.9280

　　如表 5.6 所示,合同纠纷的主力类型,借款、劳动报酬、买卖合同纠纷的调解率变迁趋势函数非常接近。如果将这三大类型合同纠纷与合同纠纷总体进行比较,则可以发现,两者的变动趋势是一致的。

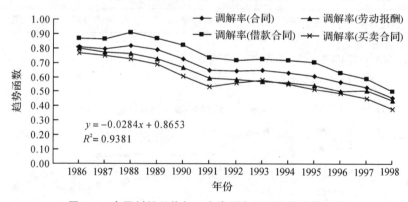

图 5.3　合同纠纷总体与三大类型合同纠纷的趋势比较

5.5　合同纠纷调解率变迁的解释

　　前文已述,任何社会现象的发生都不可能是单因素作用的结果,这也是社会科学与自然科学之间的一个重要区别。在社会学研究中,关于社会的变迁,先后出现过结构-功能理论、冲突理论、现代化理论、文化理论、关系理论、制度与环境理论等多种解释理论。[①] 这些理论,为我们解释作为社会变迁一部分的调解变迁,提供了不少可资参考的视角。但是,在根本意义上,合同诉讼调解率变迁的解释,深深地扎根于中国的司法实践,或者更进一步而言,扎根于中国社会。西方学者基于西方社会变迁所构建的社会理论,能否准确、有效地解释中国的司法实践,在笔者看来,不无疑问。基于这些考虑,笔者并不准备罗列相关的西方理论。按照本书第 2 章所建立的分析框架,本节主要围绕当事人、国家治理与法院三个主题,来讨论调解率变迁的可能原因。[②]

5.5.1　合同纠纷调解率变迁中的当事人

合同纠纷中的当事人,之所以产生纠纷,都是为了经济上的利益。这一点,决定了合同纠纷与婚姻家庭、继承纠纷存在着很大的差异。法经济学研究的成果表明,在纠纷的解决过程中,当事人对于解决方式的选择,主要取决于如下三个主要因素:当事人对于诉讼结果的预期差异、诉讼结果对于当事人的重要性以及当事人之间的信息差异程度。[③] 如果对这三种因素进一步展开说明,那么大体可以这样认为:"预期差异越大,比如一方认为自己肯定能打赢官司,而另一方不这么认为,那么,当事人越容易要求法官判决,而不愿意接受调解;诉讼结果对于当事人的重要性越大,比如标的额越大,那么当事人就越倾向于要求法官判决,而不愿意调解;当事人之间的信息差异越大,比如一方拥有作为杀手锏的证据,而另一方不知道这个证据的存在,那么,当事人越倾向于法院判决,而不愿意调解。"[④]

如果将上述三个因素代入合同纠纷(主要是借款合同纠纷、买卖合同纠纷、劳动合同纠纷)进行分析,我们可以排除预期差异和信息差异这两个因素。这是因为,在多数的借款合同纠纷、买卖合同纠纷和劳动合同纠纷中,当事人对于诉讼的最终结果都有着较为清醒的认识。例如,在借款合同纠纷中,出借人和

---

① Vago S. Social Change. 5th ed. Pearson Education,2004:49-84.

② 社会变迁属于社会学中基本的分析命题。基于笔者的知识面和研究能力,不可能提出更富有创见的理论。在本书中,笔者只希望通过具体的分析,对调解率的变迁做一个中层理论意义上的因果机制分析。关于中层理论,参见[美]罗伯特·K. 默顿:《科学哲学》,林聚任等译,生活·读书·新知三联书店 2001 年版,第 18 页。

③ Priest G L, Klein B. The selection of dispute for litigation. Legal Stud.,1984,13(1);Bebchuk L A. Litigation and settlement under imperfect information, Econ.,1984,15(3):404-415.

④ 唐应茂:《法院执行为什么难——转型国家中的政府、市场与法院》,北京大学出版社 2009 年版,第 9 页。

借款人对于逾期归还借款的法律效果,都有着清醒的认识。这种认识,不需要经过专门的法律教育,只要有着普通的生活常识即可。同时,在买卖合同纠纷与劳动合同纠纷中,都存在的是关于金钱债务的问题,也就是所要货款或者劳动报酬的问题。大部分的案件,当事人对于案件的基本事实并不存在争议,这也导致了当事人之间并不存在太多的信息差异。[①] 易言之,当事人在诉讼过程中,选择调解还是判决,主要取决于标的金额的大小。当合同纠纷争议所涉及的标的金额越大时,当事人之间通过调解解决纠纷的可能性(或者说概率)就越小。试想,当合同争议的标的金额为 1000 元时,当事人可以退让 200 元以换得对方主动履行,而当争议标的达致 1000 万元时,即使是 20% 的退让,也有 200万元,这时,对于当事人来说,这也是一笔不小的金额。在事实清楚、法律明确的情况下,当事人选择调解的可能性必然会被放大的标的金额所削弱。

当然,上述分析还只是理论上的一种推断,需要经验证据的进一步证实。基于上述分析,笔者选取了 1986—1998 年的借款合同纠纷统计数据(见表 5.7),分析标的金额与调解率之间的联系(见图 5.4 和图 5.5)。[②]

表 5.7　借款合同纠纷调解率与借款合同标的平均金额

年份	借款合同纠纷调解率/%	借款合同纠纷数量/件	借款合同纠纷总金额/万元	借款合同纠纷中标的平均金额/万元
1983		1175	2574.00	2.19
1984		2770	1305.49	0.47
1985		9533	13163.10	1.38
1986	86.58	33002	31034.69	0.94
1987	86.51	67962	49423.10	0.73
1988	90.98	169151	122249.79	0.72
1989	86.84	251582	393394.97	1.56
1990	82.39	216799	398486.03	1.84
1991	73.32	178040	469561.37	2.64
1992	71.47	182980	905386.60	4.95

① Siegelman P, Waldfogel J. The Selection Hypothesis and the Relationship between Trial and Plaintiff Victory, J. Political Economy, 1995, 103(2):229-260.

② 因为统计数据的缺乏,本节只分析借款合同纠纷和买卖合同纠纷调解率与标的金额之间的联系。

续表

年份	借款合同纠纷 调解率/%	借款合同纠纷 数量/件	借款合同纠纷 总金额/万元	借款合同纠纷中标的 平均金额/万元
1993	72.53	267853	1417538.74	5.29
1994	71.86	306401	3014075.49	9.84
1995	70.09	416439	5674447.80	13.63
1996	63.15	550966	9688120.95	17.58
1997	58.70	548912	13502693.91	24.60
1998	50.40	537898	20642852.98	38.38

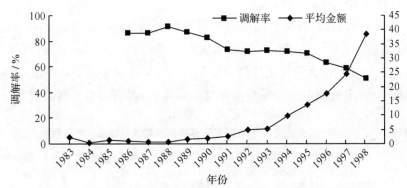

图 5.4 借款合同纠纷调解率与借款合同纠纷中标的平均金额变化

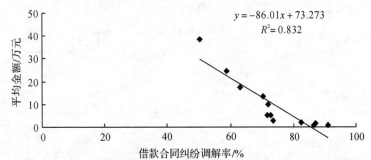

图 5.5 借款合同纠纷调解率与借款合同纠纷中标的平均金额散点分析

由于统计数据的缺乏,笔者只整理了 1983—1998 年的相关司法统计数据。其中借款合同纠纷调解率,指的是狭义上的借款合同纠纷调解率(一审),不包括民间借贷纠纷在内。借款合同纠纷数量和借款合同争议总金额,指的是在统计年度内人民法院一审结案的借款合同纠纷数量和标的金额的总和。在此基础上,笔者计算了标的平均金额(计算公式为:平均金额=标的金额总和÷借款合同纠纷结案数量)。

从表 5.7、图 5.4 和图 5.5 来看,有三点符合我们预期的假设。首先,如图5.4
所示,借款合同纠纷调解率和借款合同纠纷中标的平均金额的总体变化趋势是相
反的,尤其是 1988 年以来的整个 20 世纪 90 年代的变化。其次,与此相对应,在
借款合同标的金额快速上升的过程中,相应的调解率却呈现出快速下降的趋势。
最后,利用统计学上的线性回归分析,对两者之间的关系进行分析,借款合同纠纷
调解率与合同标的金额之间的相关系数达到 0.83,属于高度相关。这一点在图
5.5中得到了明显的说明。图 5.5 是以借款合同纠纷调解率为横坐标、以合同纠
纷中标的平均金额为纵坐标的散点图,各个点集中于趋势线附近,这也说明了两
组数据时存在紧密的相关性。

与借款合同相似,买卖合同纠纷调解率与合同诉讼标的金额也存在着明显
的联系(见表 5.8)。[①] 如图 5.6 所示,在总体的变迁趋势上,买卖合同调解率与标
的平均金额呈现出相反的变化趋势。如果用统计软件对它们的联系进行分析,如
图 5.7 所示,两者之间的变迁趋势拟合度达到 0.67,具有较为密切的联系。

表 5.8　买卖合同纠纷调解率与买卖合同纠纷中标的平均金额

年份	买卖合同纠纷 调解率/%	买卖合同纠纷 数量/件	买卖合同纠纷 总金额/万元	买卖合同纠纷中标的 平均金额/万元
1986	75.71	134157	574320.10	4.28
1987	73.28	145211	538834.10	3.71
1988	70.88	148892	693974.80	4.66
1989	66.82	192808	1011567.04	5.25
1990	57.69	173400	826115.73	4.76
1991	50.60	180485	913770.66	5.06
1992	52.95	214093	1318947.38	6.16
1993	56.31	308240	3470415.99	11.26
1994	52.68	358638	4165480.16	11.61
1995	49.31	385575	4802881.61	12.46
1996	46.10	421565	5014195.58	11.89
1997	42.13	404406	5190881.69	12.84
1998	34.92	378767	8558166.46	22.59

---

①　由于在已公开披露的司法统计数据中,没有公布买卖合同纠纷所涉及的标的金额,在表格中所使用
的买卖合同数据,仅指向于购销合同。

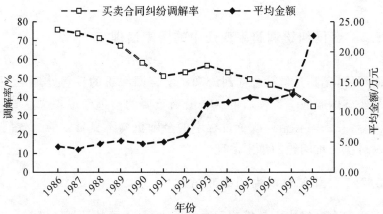

图 5.6　买卖合同纠纷调解率与买卖合同纠纷中标的平均金额变化情况(1986—1998)

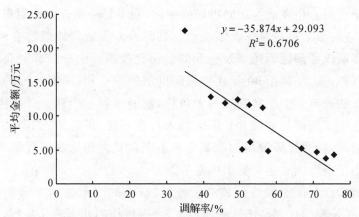

图 5.7　买卖合同纠纷调解率与买卖合同纠纷中标的平均金额散点分析

值得注意的是,就纠纷调解率与合同诉讼标的金额之间的联系度来看,借款合同纠纷(0.83)比之买卖合同纠纷(0.67)更加密切。一个可能的解释是,借款合同纠纷所涉及的问题相对较为简单,借贷双方之间法律上的争议较少。而买卖合同纠纷虽然也主要涉及货款问题,但是货物质量、货物的运输风险等问题,往往会对纠纷的解决产生一定的影响。这些因素,导致当事人之间对于案件最终的审理结果预期不一,进而提高了调解的可能性。回顾借款合同纠纷与买卖合同纠纷的调解率,即可验证这一点。

综合上述分析,可以认为,合同纠纷标的金额的大小,对于当事人是否选择调解,具有重要的影响。在一定程度上,纠纷标的金额越大,当事人之间的调解可能性越小。①

5.5.2 合同纠纷调解率变迁中的国家治理

合同纠纷,尤其是借款合同纠纷和买卖合同纠纷的妥善处理,是中国确立建立市场经济体制战略目标后的一个最为重要的治理领域。这主要涉及两个方面的内容:一是国有企业改革过程中的金融机构不良贷款的处置问题;另一个是国家对执行难问题的集中治理。

5.5.2.1 国家金融机构呆账治理

关于国有金融机构不良贷款问题的形成,是中国从计划经济走向市场经济过程中的一个伴生现象。国有企业改革的短期目标在于让企业扭亏为盈,长远的目标在于让国有企业成为面向市场的主体,而不是一个政府的附属机构。然而,国有企业的改革过程是非常艰难的。其间既涉及政府职能转变的问题(或者说政府体制改革问题),还涉及企业的公司化改制。由于国有企业改革的复杂性和重要性,从 20 世纪 90 年代初到新世纪的前 5 年,国家治理的中心都在于国有企业的改革。为了实现这一个目标,政府体制上出现了几次大的瘦身,许多行业经济管理部门被撤并。国家加大对公司法、证券法、破产法等市场经济法律的制定,社会保障领域的改革也在不断深化。而这些制度的改革,初始目的都是为了培育国有企业的市场竞争能力。

金融机构作为国家经济的核心运行领域,它的改革也成为国家关注的重点。然而,在长期的计划经济管理体制下,金融机构的非市场化运行,导致金融机构都负有大量的烂账、坏账。在计划经济体制下,借款的企业和放款的银行都是国家所有,都是国家计划生产体制中的一个部门,银行贷款所产生的损失由国家承担,无所谓呆账核销的问题。实际上,呆账核销的规定直至 20 世纪 80 年代末才出台,而大规模执行则是 90 年代中期以后的事情。在一定程度上,呆账核销制度的出台,代表着国家角色的一种转型。国有企业经营出现问题,产生不良贷款,导致国有银行出现贷款呆账、坏账。国家没有能力承担,或者没有能力长期继续承担呆账、坏账的损失,才会出现 90 年代末针对

① 当然,这不是说每一个合同纠纷都必然是合同标的金额越大,就越不可能调解。这是一种概率上的因果关系,不是自然科学中的必然因果关系。在商业活动中,一些其他因素的考量,如长期商业合作关系,会对企业的诉讼策略产生影响。

国有银行的改革。

所谓的呆账核销制度,指的是国家财政部门允许国有金融机构对于不能收回的贷款予以核销的制度。由于我国的金融性国有资产的管理部门主要为财政部,因此,财政部的一些规章制度,对于金融机构的呆账处置起到了指导性的作用。所谓呆账,通俗地说,就是无法回收的债权。根据财政部 1988 年 7 月 8 日颁布的《关于国家专业银行建立贷款呆账准备金的暂行规定》,除了一些特殊的情况,金融机构能够核销的无法回收的贷款,仅限于债务人因破产而无法偿还的借款以及国务院专案批准核销的逾期贷款。① 然而,随着国有企业改革的推进,不良贷款的大量增多,导致金融机构面临着紧迫的金融形势。据测算,截至 2002 年,中国金融业的不良资产已经达到 1.4 万亿元!② 在这一形势下,国家开始扩大呆账核销的使用范围,允许核销通过法院执行无法收回的债权。③ 1999 年中国人民银行发布的《关于全面推行贷款五级分类工作的通知》明确将"生产经营活动已经停止,且借款人已名存实亡,复工无望,经确认无法还清的贷款"作为"损失类"贷款予以核销。

由于国家开始对不良贷款进行治理,国有企业的大量不良债权,也开始通过法院的诉讼、执行程序进行核销。在这个环节中,法院的判决书和执行文件,成为国家金融企业通过行政化手段核销呆账的一个工具或者手段。由于拖欠借款的国有企业本身已经处于破产的境地,复工无望,这些债权本身已经不具有收回的可能,因此,在法院的审理过程中,金融机构并不会选择调解的方式。同时,选择判决,也可以在一定程度上证明银行在发放贷款的过程中不存在过错。大量质量欠佳的借款合同纠纷进入法院,决定了法院的调解努力无法得到应有的回报。在此意义上,国家关于金融机构不良贷款的治理,消解了法院调解的努力。

值得指出的是,2001 年财政部颁布的《金融企业呆账准备提取及呆账核销

---

① 1998 年财政部《关于国家专业银行建立贷款呆账准备金的暂行规定》第三条规定:国家专业银行发放贷款实行有借有还的原则,任何单位或者个人不得任意免除借款人的还款义务,由于下列情况不能收回的贷款可列为呆账:(1)借款人和担保人经依法宣告破产,进行清偿后未能还清的贷款。(2)借款人死亡,或者依照《中华人民共和国民法通则》的规定,宣告失踪或宣告死亡,以其财产或遗产清偿后,未能还清的贷款。(3)借款人遭受重大自然灾害或者意外事故,损失巨大且不能获得保险补偿,确实无力偿还的部分或全部贷款,或者保险赔偿清偿后未能还清的贷款。(4)经国务院专案批准核销的逾期贷款。

② 这个数字来源于 2002 年 12 月 2 日的《经济观察》刊登的一篇文章。转引自艾佳慧:《司法判决中"双高"现象并存的一种社会学解释》,《中外法学》2005 年第 6 期,第 685 页。

③ 这些文件包括 1999 年财政部、人民银行联合发布的《信托投资公司清产核资资产评估和损失冲销的规定》、1999 年中国人民银行《关于全面推行贷款五级分类工作的通知》。

管理办法》,缩小了司法类核销呆账文件的范围,仅仅允许执行终结文件作为核销呆账的依据。[①] 在之前所承认的法院判决或执行文件的范围,被缩小至执行终结的范围。由于执行终结的范围极为狭窄,多限于企业破产的情形。[②] 在此情形下,大量的其他严重逾期的债权无法通过核销程序予以核销,导致进入法院的不良贷款合同案件急剧减少。

5.5.2.2 国家关于执行难的治理

关于执行难的治理,是国家在司法领域治理的一个重要表现。可以发现,执行难,难在为法院所确认的当事人的债权难以实现。而执行难发生的主要领域,主要为金融、房地产和涉及国有企业的案件。[③] 这些领域的纠纷解决关系整个国家经济秩序的治理。换言之,执行难实际上构成了国家治理经济的一个重要领域。

执行难,难在哪里?根据最高人民法院党组向中共中央所作报告的总结和归纳,执行难,主要体现为如下四难:被执行人难找,执行财产难寻,协助执行人难求,应执行财产难动。被执行人难找,是指被执行人或其法定代表人去向不明,无法送达执行通知书和被执行人财产报告通知书等各类法律文书,或者无法查明被执行人的财产,也无法对其采取强制措施。执行财产难寻,主要是指被执行人转移、隐匿财产逃避执行的现象。协助执行人难求,是指在执行过程中相关的协助执行人,如工商、金融、电信、公安、海关、税务、国土等机构部门或个人,消极协助甚至阻碍执行。应执行财产难动,是指被执行人属于国家机关等特殊主体,或者其他强势部门对法院执行的干预,导致已经查封、扣押的财产,法院仍然难以执行。[④]

执行难,引发了一系列的社会问题:"一些当事人走投无路,便通过上访寻求出路,影响社会稳定;有些当事人甚至求助于带有黑社会性质的流氓恶势力

---

① 2001 年财政部颁布的《金融企业呆账准备提取及呆账核销管理办法》第三条第六项关于可核销司法类呆账的规定:由于借款人和担保人不能偿还到期债务,金融企业诉诸法律,经法院对借款人和担保人强制执行,借款人和担保人均无财产可执行,法院裁定终结执行后,金融企业仍无法收回的债权。

② 《民事诉讼法》第二百三十三条规定,有下列情形之一的,人民法院裁定终结执行:申请人撤销申请的;据以执行的法律文书被撤销的;作为被执行人的公民死亡,无遗产可供执行,又无义务承担人的;追索赡养费、抚养费、抚育费案件的权利人死亡的;作为被执行人的公民因生活困难无力偿还借款,无收入来源,又丧失劳动能力的;人民法院认为应当终结执行的其他情形。最高人民法院《关于人民法院执行工作若干问题的规定》第一百零五条进一步规定,被执行人被人民法院裁定宣告破产的,也应当裁定终结执行。

③ 庄会宁、刘蓓:《"执行难"不能跨世纪》,《瞭望新闻周刊》1999 年,第 51 期,第 29-30 页。

④ 肖建国:《从制度上阻击"执行难"》,法制网 2011 年 11 月 10 日,http://www.legaldaily.com.cn/index_article/content/2011—11/12/content_3089341.htm,2012 年 3 月 24 日访问。

代为索讨债务,绑架、伤害当事人,严重危害了社会治安;更为严重的是,导致了作为市场经济基础的社会信用关系和商品交易安全缺乏保障,阻碍了社会主义市场经济的发展。"[1]执行难所引发的社会问题,引起了党中央的高度重视。据原最高人民法院执行办主任葛行军在一次法院内部讲话中提到:"今年四月,我随沈德咏副院长向中央书记处书记、中央政法委书记罗干同志汇报一个案子。当时罗干同志提出,怎么北京法院执行当中还给当事人打白条?当场我介绍了债权凭证是在什么背景下发的,发债权凭证的条件是什么,它的好处是什么,当前还应当如何完善,以及立法的内容。罗干同志说,这个做法挺好的,你们写出来,等有机会给中央领导看一下。"[2]这一讲话,透露了非常明显的信息,那就是执行难已经成为国家决策层异常重视的司法问题。

为了解决执行难的问题,中共中央多次发表文件,要求各级党委重视和支持法院的执行工作。1999 年 1 月 7 日,中央政治局听取了最高人民法院党组关于执行难的汇报。同年 7 月 7 日,党中央专文发布了《中共中央关于转发〈中共最高人民法院党组关于解决人民法院"执行难"问题的报告〉的通知》(中发〔1999〕11 号),将解决执行难问题上升为一项政治性任务,号召动员全党和社会的力量解决执行难的问题。由于《中共最高人民法院党组关于解决人民法院"执行难"问题的报告》一文,将执行难的主要原因归之于地方保护。因此,中发〔1999〕11 号文件,主要针对的是地方党政部门非法干预法院执行的现象。为推进解决执行难问题,中共中央纪委监察部随后于 10 月 9 日发布了《关于严肃查处解决人民法院"执行难"工作中违法违纪问题的通知》(中纪发〔1999〕17 号),要求"各级纪检监察机关要把反对地方和部门保护主义、维护国家法制的统一和尊严作为一项政治纪律,重点查处非法干预法院执行工作的党政领导干部"[3]。2005 年,

---

① 参见《中共最高人民法院党组关于解决人民法院"执行难"问题的报告》。

② 葛行军:《更新执行观念推进执行改革》,《强制执行指导与参考》2002 年第 4 辑(总第 4 期),法律出版社 2003 年版,第 48 页。

③ 各级纪检监察机关要切实按照中央文件的要求,依据《中国共产党纪律处分条例(试行)》和《中华人民共和国行政监察法》的有关规定,重点从以下几个方面开展监督查处工作:(1)以言代法,以权压法,滥用权力,乱批"条子",乱打"招呼",非法干预、阻碍人民法院依法执行的行为;(2)为了本地区或本部门利益,制定违反法律的规定或文件,或者对具体案件制发函文,阻碍和限制人民法院依法执行的行为;(3)企业及其负责人为逃避执行义务而转移、隐匿甚至私分公有财产,以及煽动群众闹事、阻挠法院依法执行的行为;(4)受托法院借故拒绝依法接受委托,或消极应付,久拖不执的行为;(5)负有法定协助执行义务的机关、单位和个人,拒不履行协助执行义务的,特别是人民法院异地执行,当地人民法院和公安机关等有关部门消极应付或拒绝协助,或对应当司法拘留的人员拒绝依法办理、拒绝羁押及放纵犯罪的行为;(6)利用企业改制、资产重组规避法律,转移财产,逃避债务或使"债务悬空",或者搞假破产、假抵押逃避债务的行为。

中央政法委又发布了《关于切实解决人民法院执行难问题的通知》(政法〔2005〕
52 号)(以下简称"中政委 52 号文件"),要求各级党委重视执行难问题,建立健
全多元化纠纷解决机制,要求法院加大庭前和解与诉讼调解工作力度,进一步
提高调解当场履行率,以减少案件进入强制执行程序。

由于从中央到地方各级党政部门的重视,执行难问题得到了一定的缓解,
大量的执行积案被清理。法院在这一过程中,获得了来自国家层面的力量支
持,其解决执行难问题的能力有所提升。同时,解决执行难(主要是民商事执行
难)问题也成为法院的一项政治任务。法院系统在解决执行难问题的过程中,
将调解视为一项重要的措施。由此,强调调解的思路受到重视。

5.5.3　合同纠纷调解率变迁中的法院策略

作为合同纠纷的审理者,法院处于应对社会变迁的第一线。对于人民法院
而言,最需要面对的是,如何运用有限的司法资源来处理日益增多的民事纠纷
(尤其是合同纠纷)。从经济学的角度来看,法院的案件审理是一个司法资源的
投入过程,调解和判决是司法资源投入后所形成的产出。所谓司法资源,既包
括人力的投入(如法官、司法辅助人员),也包括物力的投入(如审判场所、审判
装备等)。前者受到法院编制的影响,而后者则依赖于同级政府的财政预算拨
付。[①] 从世界各国法院的编制实践来看,法院法官的员额应当根据其所承担的
案件数量加以确定。这是因为,作为一名法律职业工作者,法官的工作时间和
工作精力总是有限的,其审理的案件数量必然存在一个极限。当案件快速增长
时,法院的人力必然需要扩充。然而,从我国的司法实践来看,总是存在着"案
多人少""法官超负荷工作"等情况。例如,山东省高级人民法院的一项调研报告
就称:"近年来全省(山东省)法院民事案件呈现逐年上升趋势,民商事法官人数变
化不大甚至有的法院有所减少,案件数量和审判资源之间的矛盾日益凸显,特别
在基层法院,民商事法官经常处于满负荷甚至是超负荷的工作状态,不能保证法
官有充足的时间和精力进行调解,这在一定程度上影响了调解率。"[②]

---

① 法院的人员编制,又称为法官员额。参见詹建红:《法官编制的确定与司法辅助人员的设置——以
基层法院的改革为中心》,《法商研究》2006 年第 1 期,第 63-69 页。
② 山东省高级人民法院:《关于山东法院诉讼调解情况的调研报告》//奚晓明:《民商事审判指导与参
考》(第 38 辑),法律出版社 2009 年版,第 292-293 页。

　　分析这一报告,我们可以将山东高院调研报告所论述"影响调解率"的因果机制分解为如下几个事实:其一,法院受理的民商事案件(尤其是合同纠纷)呈现快速上升的趋势;其二,法院的法官人数未获得与案件增长同步的扩充,导致法官的人均案件审理数上升。

　　关于民商事案件增长的事实,我们可以通过司法统计加以证实。如图 5.8 所示,从 1980 年至 2010 年,我国的民事案件(包括合同案件)的结案数虽然在 1999 年以后有所下降,但是总体上呈现出较为稳定的增长态势。根据《中国法律年鉴》所披露的司法统计数据,笔者以五年为一组,选取了 1980 年、1985 年、1990 年、1995 年、2000 年、2005 年、2010 年的数据进行分析。如图 5.9 所示,1980 年,我国的民事案件仅为 55 万余件,十年之后已增长至近 400 万件,至 2010 年,总数已经增长至 610 余万件。合同案件的增长更是可以用突飞猛进来形容,1980 年,全国审理的合同纠纷刚过 10 万件,而至 1990 年则突破了 100 万件,2000 年突破 250 万件,2010 年增长至 320 万件。2010 年,合同纠纷占整个民事案件的总量的一半以上(53%)。

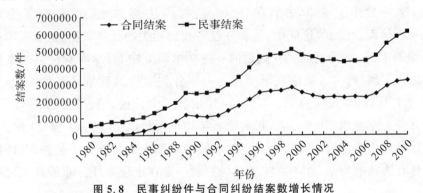

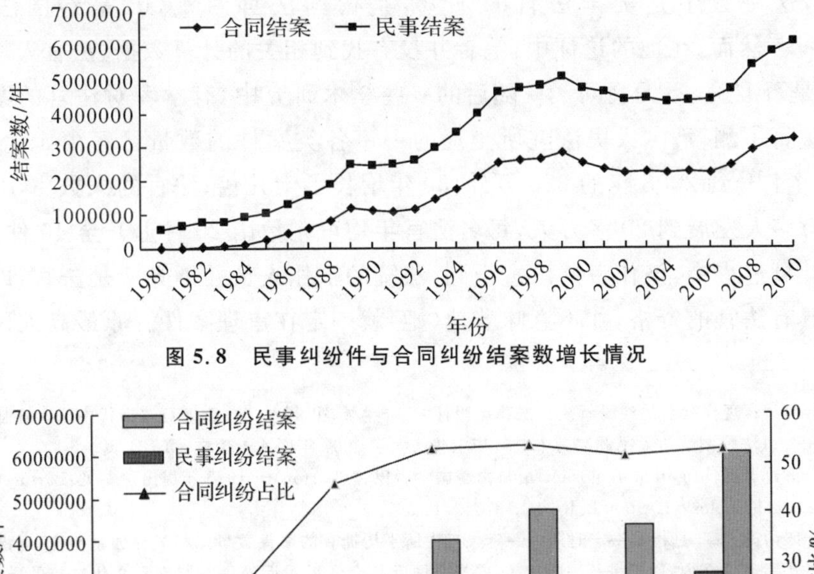

图 5.8　民事纠纷件与合同纠纷结案数增长情况

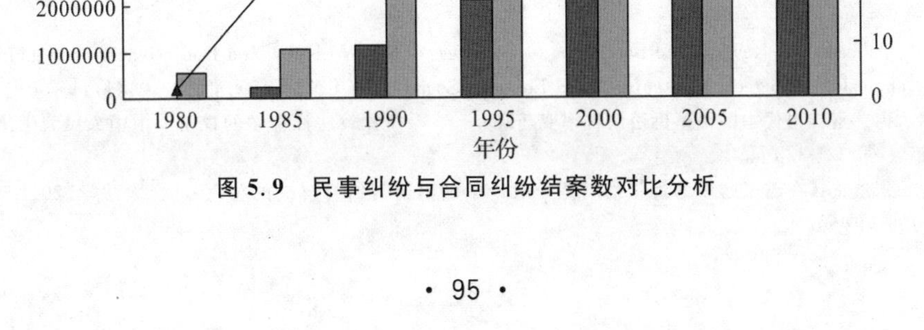

图 5.9　民事纠纷与合同纠纷结案数对比分析

从这些数据可知,民商事案件的总数确实呈现出快速上升的势头。据此,有些学者提出了法院案件负担过重。[①] 也有一些法制媒体将之称为"诉讼爆炸"(litigation explosion)。[②] 然而,单从案件数量的增长就推断出法院的负担过重,还为时尚早。从西方国家关于诉讼爆炸的讨论来看,衡量一个社会是否存在诉讼爆炸,需要参考如下几个标准:(1)历史比较,通过不同历史时期诉讼率(civil litigation rate)的比较,证明或者反对当前存在诉讼爆炸[③];(2)国际比较,通过社会经济发展程度比较接近的国家之间的诉讼率的比较,来证明或者反对;(3)法院能力的比较,通过法院能够承受的案件数量来证明或者反对存在诉讼爆炸[④]。从上述标准,我们可以发现,案件数量的增长,并不能说明诉讼爆炸、法院负荷过重的存在。

在我国,也有学者认为,我国法院总体上不存在负担过重的问题。例如冉井富认为,存在案件负担的中国的基层法院的比例应该不超过 10%,更多的法院是"吃不饱"并希望有更多的案件。根据他的估计,我国的法官实际人均结案 21 件,这一数字是美国法官的 1/40,是德国法官的 1/50,是泰国法官的 1/100。[⑤] 然而,在他的论证中,笔者并没有找到相关的计算数据,法官人均结案 21 件是否准确,不无疑问。在随后的一些学术研究中,有学者对法官的案件审理量进行了测算。"人民法院所受理的一审各类案件的数量已经由 1978 年的 44 万件上升到 2008 年的 625 万件,30 年增长了十几倍;法官的人数由 1981 年的 6 万多人发展到 20 多万人,每名法官年均审判量由 20 件上升至 40 件。"[⑥]在这个计算过程中,该作者并没意识到,法院的工作人员并不等于是法官,即使在法院具有法官的资格,并不意味着他(她)就一定在审理案件。原最高人民法院

---

① 何兵:《现代社会的纠纷解决》,法律出版社 2003 年版,第 43-46 页;洪冬英:《当代中国调解制度的变迁研究——以法院调解与人民调解为中心》,华东政法大学 2007 年度博士论文,第 131 页。

② 诉讼爆炸(litigation explosion)最早由美国学者巴顿(Barton)于 1975 年提出。参见:Barton L J. Behind the Legal Explosion. Stan. L. Rev., 1975(27):567.

③ 所谓诉讼率,是指在一定时期内一定人口中所平均拥有的案件数量。与案件数量相比,诉讼率将人口数量的因素考虑在内,便于进行国际比较,是当今国际社会学界对诉讼进行制度和文化比较的通用工具。参见冉井富:《当代中国民事诉讼调解率变迁研究——一个比较法社会学的视角》,中国人民大学出版社 2005 年版,第 3-4 页。

④ Galanter M. Reading the Landscape of Disputes: What We Know and Don't Know (and Think We Know) about Our Allegedly Contentious and Litigious Society. UCLA L. Rev., 1983,31(1):4.

⑤ 冉井富:《当代中国民事诉讼调解率变迁研究——一个比较法社会学的视角》,中国人民大学出版社 2005 年版,第 321-323 页。

⑥ 朱景文:《在越来越多的诉讼的背后—兼论中国国情与纠纷解决的特色》,《交大法学》2011 年第 2 期,第 139-140 页。

院长肖扬就曾经在一次会议上承认:"现在我们 20 多万名法官中,真正从事审判工作的只有 15 万名左右,有 5 万多名法官不在岗位上。这是最高法院统计的,我估计不在审判岗位的法官人数可能更多。"而这里所说的"真正从事审判工作的",应该还包括了从事执行工作、审判监督工作、调研工作的法官以及实际上不怎么具体办案的院长、庭长。如果将这部分人剔除,中国真正意义上的法官也许只有法官总数的一半左右,也即 10 万人左右。① 如果按照这一计算基准,即所谓的法官应是"各级法院具有法官资格同时从事审判工作的人",那么法官实际的审理数量将成倍地增长。同时,由于各个审判业务部门的工作量并不一致,这种平均量还不足以指向民商事业务部门的工作负荷。

在笔者看来,衡量一个法院负荷是否过重,应当考虑法院所受理的案件,以及法院所具备的人力资源。在我国的司法统计实务中,不少的法院使用人均办案数来测量法院的案件负荷。笔者认为,这一指标是较为合理的。但在计算上应当具体至相关的业务部门进行测算。由于无法找到全国的司法数据,笔者仅以山东省的司法统计为基础进行测算。②

如表 5.9、表 5.10 和表 5.11 所示,真正在法院中从事民商事审判工作的法官人数并不是一个很庞大的数字。在山东省法院系统,从事办案的法官人数为法院总人数的 45%。办案法官人均办案数为 95.9 件,其中民商事业务部门的办案法官人均办案数量为 119.9 件,基层法院的民商事法官的人均办案数为 138.3 件。可以看到,在法院系统中,民商事审判是仅次于执行的法院的重要业务部门。按照全年 221 个工作日来计算,每名民商事法官审结一个案件需要耗时 1.8 天,基层法官需要耗时 1.6 天。在如此短的时间内完成开庭审理、组织调解、撰写裁判文书、调查取证、送达文书等程序环节,对于法官来说,是不小的挑战。③

---

① 翁子明:《司法判决的生产方式——当代中国法官的制度激励与行为逻辑》,北京大学出版社 2009 年版,第 209 页。据翁在法院的工作经历,其所任职的广州海事法院共有审判员 28 名,其中 7 人在审判庭,助理审判员 21 名。广州市海珠区法院共有法官 97 人,在各审判庭从事审判工作的法官仅 44 人,占法官人数总人数的 45%。大量的法官散布在立案庭、研究室、办公室、政治部、监察室、审判服务中心等部门。

② 山东省高级人民法院研究室:《山东法院审判力量配置与法官负荷情况分析》,《人民司法》2010 年第 19 期,第 51-53 页。

③ 当然,这种案件负担,与美国法官年均 800 件、德国法官年均 1000 件、泰国法官年均 2000 件的案件审理数,还有着不小的差距。

表5.9 山东省法官人数分布

单位	法院总人数/人	法官人数/人	办案法官数/人
省高级人民法院	512	350	245
中级人民法院	3606	2441	1665
基层人民法院	16709	10237	7472
全省人民法院	20827	13028	9382

表5.10 山东省法院人均办案情况

单位	审执结案数/件	法官人数/人	法官人均办案数/件	办案法官人数/人	办案法官人均办案数/件
省高级人民法院	6010	350	17.2	245	24.5
中级人民法院	69911	2441	28	1665	42
基层人民法院	823816	10237	80.5	7472	110.3
全省人民法院	899737	13028	69.1	9382	95.9

表5.11 山东省法院各部门人均案件量 （单位：件/人）

业务部门	省高级人民法院	中级人民法院	基层人民法院	全省人民法院
刑事法官	14.4	18.7	59.0	45.9
民商事法官	25.9	76.6	138.3	119.9
行政法官	18.1	27.8	56.7	50.5
审监法官	12.1	16.5	3.4	6.8
执行法官	1.5	22.3	157.9	131.3
立案法官	52.0	15.7	2.8	8.0

原最高人民法院院长任建新曾在七届全国人大三次会议上说："我们在工作中也存在一些困难。人民法院所面临的任务同人民法院现有的审判力量之间的矛盾，案件的大量增加同业务经费不足和必要的装备紧缺的矛盾，十分突出，长期影响着审判工作的开展。"[①]民事纠纷数量的快速增长以及法院依旧保持的行政化人力资源分配结构，导致法院面临着以少数的司法资源应对日益增

---

① 任建新：《最高人民法院工作报告》，《中华人民共和国最高人民法院公报》1990 年第 2 期，第 16 页。

长的民事案件的困境。"就司法资源而言,其在一个时期内是相对稳定的,不可能陡然增加,对此唯一的出路和选择就只能是挖掘审判制度本身的潜力。"①在法院自身人力与物力增长有限,纠纷无法有效分流的情况下,提高审判制度的自身效率成了法院的必然选择。② "在案件数量多,审判力量不足的情况下,对第一审法院来说,裁判是一种比调解更为有效率的审判方式,所以注重裁判结案而不是调解结案是完成审判任务的基本要求。对案件进行调解,需要更多的人力、物力、时间和精力,对于法官来说,不选择审判效率高的结案方式,基本上是不可能完成全年的工作任务的。"③

审判制度改革的效率取向,使得"以强化当事人举证责任为主要内容的庭审方式"成为改革的核心。所谓强化当事人的举证责任,指的是改变过去"从一张起诉状到一本案卷,一切调查取证都由法院承担"的大包大揽工作方式,将调查取证的工作转由当事人及其代理人进行。④ 由于当事人举证责任的强化,法院工作人员的开庭前调查的工作量大量减少,法官的主要任务成了核实、认定当事人提交的证据。传统审判方式中出现的,法院深入社区调查取证的环节被省略。由于调解的工作本身需要法院与当事人进行长时间的接触,法院对当事人的说服,不仅仅需要掌握法律上的理由,还需要从社会的情景来对当事人进行教育。庭审方式的改革,导致当事人与法官的对话环境被限缩在法院的法庭上,严重地压缩了调解可能发挥作用的空间。

---

① 黄松有:《中国现代民事审判权论:为民服务型民事审判权的构筑与实践》,法律出版社 2003 年版,第3 页。

② 当然,在实践过程中,不少法院也采取了如下几个方面的措施来应对诉讼增长压力:(1)提高诉讼费的征收标准,使人们对诉讼望而却步;(2)提高案件受理的条件,减少案件的受理;(3)增加司法人事编制和办案经费;(4)挖掘现有司法资源的潜力,做到人尽其才,才尽其用,使每个人都尽最大的努力工作;(5)进行审判方式改革,改变司法工作的方式、方法,提高诉讼效率。从效果来看,前面三种方法的效果极为有效,而第四种方法由于法院存在行政化人事管理制度,效果欠佳。参见何永军:《断裂与延续:人民法院建设(1978—2006)》,中国社会科学出版社 2008 年版,第 199-214 页。

③ 最高人民法院诉讼调解规范化研究课题组:《关于人民法院调解工作的调研报告》//杨润时:《最高人民法院民事调解工作司法解释的理解与适用》,人民法院出版社 2004 年版,第 247-248 页。

④ 在 1988 年召开的第十四次全国法院工作会议上任建新指出:"过去法院在审理民事案件和经济纠纷案件中,往往忽略了当事人的举证责任,承担了大量调查、收集证据的工作。这既增加了法院的工作量,影响办案效率,也没有依法充分调动当事人及其诉讼代理人举证的积极性。今后要依法强调当事人的举证责任,本着'谁主张,谁举证'的原则,由当事人及其诉讼代理人提供证据,法院则应把主要精力用在核实、认定证据上。"参见任建新:《充分发挥国家审判机关的职能作用更好地为"一个中心、两个基本点"服务——1988 年 7月 18 日在第十四次全国法院工作会议上的报告(摘要)》,《中华人民共和国最高人民法院公报》1988 年第 3期,第 13 页。

5.6 本章小结

一方面,随着经济改革的推进,大量的合同纠纷涌入法院,使得法院审判工作量剧增。同时,这些合同纠纷的标的金额呈现出快速上升的趋势,导致合同纠纷的可调解性下降。另一方面,国家加强了对金融机构呆账的治理,并高度重视司法领域出现的执行难问题。在多元化纠纷解决机制中,调解被视为是化解纠纷、提升执行效果的有效工具。来自社会和国家的双重因素,导致法院的合同纠纷调解率生产组织发生了不小的变化。一方面,为了应对民事审判中的案多人少局面,法院启动了以强化当事人举证责任为中心的审判方式改革。这一改革,压缩了法院与当事人之间的沟通与交流的时间,调解过程中当事人所期盼的"下来访一访"的缺场,导致法院司法调解功能的消退。另一方面,国家关于金融机构呆账的治理,使得法院的审判成为解决国有企业改革难题中的一个环节。这一治理方式的实施间接地影响了合同纠纷调解率的变迁。

概言之,合同纠纷标的平均金额一直处于增长阶段,这种决定性的力量,决定了合同纠纷的调解率将呈现出较为明显的下降趋势。这构成了一种必然。同时,国家关于金融机构呆账的核销制度,使得进入法院的合同借款纠纷丧失了可调解性。案件的剧增、金融机构借款纠纷的非市场化处理方式、法院自身的效率化审判方式改革,导致中国 1978—2001 年的合同纠纷调解率呈现出明显的下降趋势。随着国有企业改革的初步成功,经济社会发展的相对稳定,以及国家治理层对于调解的重视,合同纠纷调解率趋于相对稳定,并略有回升。

第6章 离婚诉讼调解率变迁解释

6.1 为什么要研究离婚诉讼调解率

在民事实体法领域,婚姻家庭、继承一直被认为是中国人的传统生活领域。在这个领域中,传统的生活方式和生活观念,对人的行为具有重大的支配力量。甚至有学者认为,中国的诉讼调解制度亦起源于婚姻家庭、继承领域。因此,要研究中国民事诉讼调解率的变迁,就绕不开关于婚姻家庭、继承领域的调解情况。与合同纠纷所包含的纷繁复杂的纠纷类型相比,婚姻家庭、继承的纠纷类型则显得简单得多。按照我国民事诉讼案由规定及司法统计标准,婚姻家庭、继承纠纷主要分为两大类:婚姻家庭纠纷和继承纠纷。在婚姻家庭纠纷中,主要包括了离婚纠纷、赡养纠纷、抚养(扶养)纠纷、抚育费纠纷等;继承纠纷主要包括法定继承纠纷、遗嘱继承纠纷等。

在婚姻家庭、继承纠纷中,最值得我们关注的是离婚纠纷。这是因为:(1)从婚姻家庭纠纷具体的类型分布来看,离婚纠纷构成了绝对的主力。例如,在2010年一审审结的1428340件婚姻家庭、继承纠纷案件中,离婚案件就有1168810件,占了将近81.8%的比重。换言之,在10件人民法院审结的婚姻家庭、继承纠纷案件中,就有超过8件为离婚纠纷案件。(2)离婚纠纷的案件增长趋势与调解率的变化趋势,与婚姻家庭、继承纠纷的案件变化趋势,几近一致。如图6.1及表6.1所示,婚姻家庭、继承纠纷结案数量的变迁函数($y=34996x+471499$)与离婚纠纷的结案数量变迁函数($y=28285x+398894$)非常接近。两者的拟合度近乎一致,前者的 R^2 值为0.7315,后者的 R^2 值为0.7100。就调解率而言,两者的趋势函数也具有相同的特征。前者的趋势函数为:$y=-0.0118x+0.7617$,后者为:$y=-0.0115x+0.7734$,两者的指数几乎一致。而两者的 R^2

值只相差0.0473。可以说,描述和解释了离婚纠纷的调解率变迁,也就等于找到了解开婚姻家庭、继承纠纷调解率的变迁因果机制的钥匙。

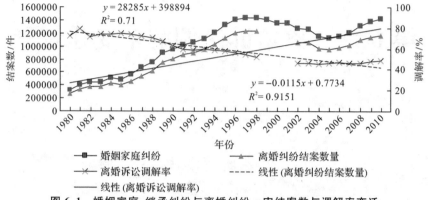

图 6.1　婚姻家庭、继承纠纷与离婚纠纷一审结案数与调解率变迁

表 6.1　婚姻家庭、继承纠纷与离婚纠纷变迁趋势

类型	趋势函数		R^2	
	结案数量	调解率	结案数量	调解率
婚姻家庭、继承纠纷	$y=34996x+471499$	$y=-0.0118x+0.7617$	$R^2=0.7315$	$R^2=0.8678$
离婚纠纷	$y=28285x+398894$	$y=-0.0115x+0.7734$	$R^2=0.7100$	$R^2=0.9151$

表 6.2　婚姻家庭、继承纠纷与离婚纠纷一审审理情况

年份	婚姻家庭纠纷结案数/件	婚姻家庭纠纷调解数/件	婚姻家庭纠纷调解率/%	离婚纠纷结案数/件	离婚纠纷调解数/件	离婚纠纷判决数/件	离婚纠纷调解率/%
1980	318229	227629	71.53	270324	194385	25375	71.91
1981	398119	285900	71.81	341224	269037	37461	78.84
1982	449942	317980	70.67	378301	269037	37461	71.12
1983	445470	327763	73.58	372966	275227	38999	73.79
1984	505548	371835	73.55	424260	312050	48186	73.55
1985	483425	362602	75.01	408585	306772	49311	75.08
1986	565385	418706	74.06	454019	335426	59083	73.88

续表

年份	婚姻家庭纠纷结案数/件	婚姻家庭纠纷调解数/件	婚姻家庭纠纷调解率/%	离婚纠纷结案数/件	离婚纠纷调解数/件	离婚纠纷判决数/件	离婚纠纷调解率/%
1987	669379	482638	72.10	543080	390276	77635	71.86
1988	758822	535043	70.51	621505	437242	91544	70.35
1989	895892	602232	67.22	747047	502152	122604	67.22
1990	956357	603039	63.06	809825	511220	151092	63.13
1991	1027337	607171	59.10	873863	519746	180393	59.48
1992	1061694	614509	57.88	897771	531215	185122	59.17
1993	1113673	646337	58.04	950835	566015	189350	59.53
1994	1213558	698867	57.59	1036073	612236	205482	59.09
1995	1330955	747889	56.19	1133301	657348	236742	58.00
1996	1414922	771821	54.55	1208773	684662	271036	56.64
1997	1443860	754102	52.23	1235689	673211	302676	54.48
1998	1442312	715525	49.61	1231778	642423	325932	52.15
1999	1414628	677436	47.89	—	607535	341588	—
2000	1362052	631143	46.34	—	568245	352873	—
2001	1361140	614429	45.14	—	544316	366806	
2002	1277516	550466	43.09	1065519	490714	372409	46.05
2003	1266593	552005	43.58	1060019	492759	369292	46.49
2004	1160346	506602	43.66	973428	441286	344668	45.33
2005	1132458	512923	45.29	955643	440360	332730	46.08
2006	1159437	533819	46.04	983272	458688	336430	46.65
2007	1215776	560830	46.13	1026535	477132	343039	46.48
2008	1320636	613379	46.45	1100871	512222	348337	46.53
2009	1380762	659065	47.73	1143267	545700	332779	47.73
2010	1428340	698900	48.93	1168810	567374	321316	48.54

6.2　离婚纠纷调解率变迁的基本描述

根据表 6.2,笔者选取了离婚纠纷结案数、离婚纠纷调解率、离婚纠纷判决率三类数据,绘制了图 6.2。[①] 从图中,我们可以发现,从 1980 年至 2010 年,我国离婚纠纷的审理情况呈现出如下几个特点:(1)调解率始终高于判决率。两者数值相差最大的年份为 1981 年(相差 67.87 个百分点),最接近的一年为2004 年(相差 9.93 个百分点)。这是合同纠纷与侵权纠纷所不具备的。这说明,在离婚诉讼中,调解仍然是占据主导地位的结案方式。(2)从 1983 年至2002 年,离婚纠纷调解率呈现出明显的下滑趋势,而在 2002 年以后,调解率呈现出相对稳定并略有上升的态势。

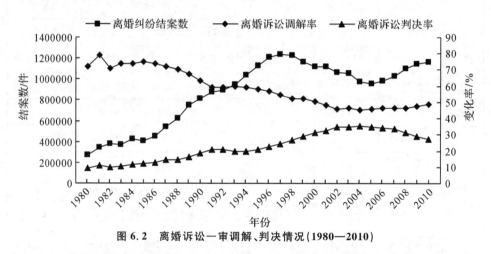

图 6.2　离婚诉讼一审调解、判决情况(1980—2010)

值得注意的是,按照案件的最终结果,可以将调解与判决细分为四种方式:调解离婚、判决离婚、调解不离和判决不离。

---

① 需要说明的是,由于暂未找到 1999—2001 年离婚纠纷结案数的司法统计数据。为了便于直观描述,笔者根据离婚纠纷在家庭婚姻继承纠纷中的比例(81%~85%),按照 82.5% 的比例,测算了离婚纠纷的结案数。这一数据尚有待进一步的证实。

表 6.3　离婚纠纷一审审理结果(1978—2001)① （单位:件）

年份	结案数	调解离婚数	调解不离数	合计	判决离婚数	判决不离数	合计
1978	179916	97089	33955	131044	17776	2662	20438
1979	208244	109025	40928	149953	17333	3708	21041
1980	270324	139926	54459	194385	20757	4618	25375
1981	341224	188428	80609	269037	28404	9057	37461
1982	378301	188428	80609	269037	28404	9057	37461
1983	372966	192368	82859	275227	28612	10387	38999
1984	424260	219881	92169	312050	35157	13029	48186
1985	408585	227480	79292	306772	34508	14803	49311
1986	454019	251379	84048	335426	41077	18006	59083
1987	543080	290805	99471	390276	54682	22953	77635
1988	621505	325645	111597	437242	65690	25854	91544
1989	747047	376729	125423	502152	83344	34260	122604
1990	809825	388456	122764	511220	110889	40203	151092
1991	873863	397912	121834	519746	131973	48420	180393
1992	897771	402847	128368	531215	131567	53555	185122
1993	950835	436479	129536	566015	137719	51631	189350
1994	1036073	477269	134967	612236	149417	56065	205482
1995	1133301	516687	140661	657348	171018	65724	236742
1996	1208773	544947	139715	684662	194683	76353	271036
1997	1235689	542762	130449	673211	215820	86856	302676
1998	1231778	500579	141844	642423	223280	102652	325932
1999	—	488536	118999	607535	235513	106075	341588
2000	—	478820	89425	568245	245198	107675	352873
2001	—	464153	80163	544316	258316	108490	366806

① 因司法统计公布标准的滞后,该表未列出 2002 年以后调解与判决项下四种类型的统计数据。

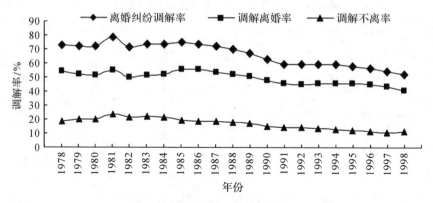

图 6.3　离婚纠纷一审调解率构成

从图 6.3 中可以发现,法院在离婚纠纷的审理中,调解适用的主要结果是:当事人的婚姻关系以非对抗的形式结束。而调解和好的案件虽然在调解中也占有一定的比重,但是这种比重始终没有超过调解离婚的比重。基于调解离婚与调解不离在构成上的稳定性,我们可以推断,在 1998 年以后的长时间段内,调解离婚也是离婚调解的主要形式。

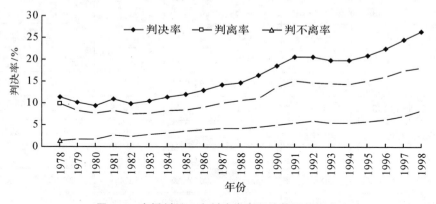

图 6.4　离婚纠纷一审判决率变迁趋势及其构成

从图 6.4 中可以发现,在离婚纠纷中,判决率呈现出较为明显的上升趋势。与调解率的构成相似,判决准予离婚率一直高于判决不予离婚率。换言之,在离婚诉讼中,不管是调解,还是判决,诉讼离婚的成功率都大于诉讼离婚失败率。根据这一发现,笔者绘制了图 6.5。

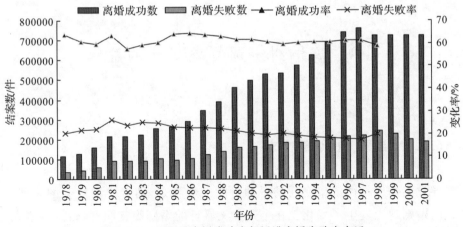

图 6.5　一审诉讼离婚成功率与诉讼离婚失败率变迁

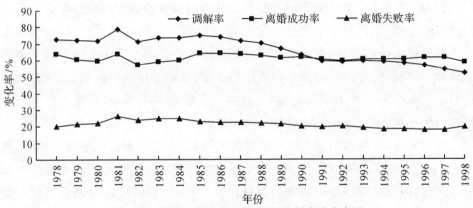

图 6.6　一审调解率、离婚成功率、离婚失败率变迁

从图 6.5 中可以发现,在离婚结案的比例中,通过诉讼成功实现离婚的比例一直保持在 60% 左右,而通过诉讼未实现离婚目的的比例则一直稳定在 20% 左右。也就是说,尽管法院在审理离婚诉讼过程中对调解的使用频率下降了,但是案件的最终审理结果与此前是一致的。从图 6.6 中,我们可以观察到这一点,虽然离婚诉讼的调解率从 70% 下降到 50% 左右,但是离婚成功率和离婚失败率没有受到影响,一致保持相对稳定的状态。易言之,在离婚诉讼中,诉讼的结果没有发生改变,改变的只是法院应对当事人诉求的方式。

6.3 离婚纠纷调解率变迁的解释

6.3.1 当事人的调解需求

导致离婚纠纷调解率变迁的一种可能的解释是,随着中国社会的转型,中国人的婚姻观念发生了变化。在个人主义盛行的婚姻观支配下,婚姻当事人越来越趋向于要求法院通过判决的形式结束婚姻法律关系。例如,有学者认为,"社会的经济、政治、文化的急剧转型导致社会利益重新调整、分配,导致个人地位升降或浮沉,于是原来家庭中夫妻相对稳定和平衡的关系被打破,从而导致个人解除原来婚姻关系、建立新的家庭的愿望增长。而个人在政治和经济领域的成功,又会助长个人的自信心和欲望的膨胀,加剧了解除旧婚姻、建立新婚姻的意志和决心"[①]。个人主义的盛行,意味着在婚姻关系当中,当事人更容易对婚姻产生不满,进而出现结束婚姻法律关系的需求。

在笔者看来,判断当事人调解需求的变化,主要应当考虑如下两个因素:其一,当事人申请离婚的数量。这个数量不仅包括向法院提起诉讼请求离婚的数量,还包括向民政部门登记离婚的数量。其二,诉讼调解离婚和民政登记离婚数量占离婚请求数量的比重。无论是民政登记离婚,还是诉讼调解离婚,都必须以婚姻当事人就结束婚姻及财产分割达成一致为前提。[②] 通过这两项数据,我们可以相对准确地把握当事人在离婚过程中的调解需求,如表 6.4 和图 6.7 所示。

---

① 冉井富:《当代中国民事诉讼调解率变迁研究——比较法社会学的视角》,中国人民大学出版社 2005 年版,第 218 页。

② 当然,离婚纠纷的诉讼调解的成功离不开法官的居中斡旋,但是案件的最终和解,关键还在于当事人的调解意愿。在登记离婚中,也不排除有第三方力量在居中调解。

表 6.4　协商离婚纠纷情况①

年份	登记离婚数/件	离婚纠纷法院结案数/件	离婚诉讼调解数/件	请求离婚数/件	协商离婚数/件	协商离婚率/%	登记离婚率/%
1978	170494	179916	97089	350410	267583	76.36	48.66
1979	193252	208244	109025	401496	302277	75.29	48.13
1980	180000	270324	139926	450324	319926	71.04	39.97
1981	187000	341224	188428	528224	375428	71.07	35.40
1982	211000	378301	188428	589301	399428	67.78	35.81
1983	197000	372966	192368	569966	389368	68.31	34.56
1984	199000	424260	219881	623260	418881	67.21	31.93
1985	196000	408585	227480	604585	423480	70.04	32.42
1986	213000	454019	251379	667019	464379	69.62	31.93
1987	236000	543080	290805	779080	526805	67.62	30.29
1988	267216	621505	325645	888721	592861	66.71	30.07
1989	287000	747047	376729	1034047	663729	64.19	27.76
1990	300692	809825	388456	1110517	689148	62.06	27.08
1991	299564	873863	397912	1173427	697476	59.44	25.53
1992	315202	897771	402847	1212973	718049	59.20	25.99
1993	334997	950835	436479	1285832	771476	60.00	26.05
1994	354294	1036073	477269	1390367	831563	59.81	25.48
1995	367491	1133301	516687	1500792	884178	58.91	24.49
1996	392585	1208773	544947	1601358	937532	58.55	24.52
1997	439177	1235689	542762	1674866	981939	58.63	26.22
1998	464664	1231778	500579	1696442	965243	56.90	27.39

---

① 资料来源:登记离婚数源于《中国民政统计年鉴》(1978—1998),中国统计出版社。

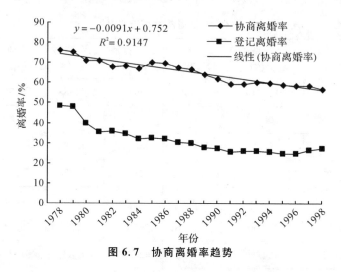

图 6.7 协商离婚率趋势

从图 6.7 中可以发现,婚姻纠纷当事人之间通过协商(包括第三方居中斡旋)的方式结束婚姻的比例,呈现出非常缓慢的下降趋势。从这一变动趋势,可以推断认为,在离婚纠纷中,当事人对于调解的需要呈现出缓慢消解的态势。那么,是什么原因引起了这种需求的消解?

在笔者看来,对调解需求的排斥,可以从如下几个方面找到原因:(1)个人主义观念。个人主义的发展导致人们将离婚视为个人的私事而不愿被干涉,也导致个人对单位、社区和家族的独立性增强,使得调解的权威和能力减弱。婚姻纠纷收案数量的变化,正好说明了这一点。(2)随着经济的发展和人民收入水平的提升,离婚纠纷中往往涉及复杂的财产关系,对于共同财产应当如何分割,当事人之间分歧过大,导致调解难以达成。关于这一点,在由法律专业人士撰写的各年法律统计年鉴的总结中皆有提到。[1] 甚至在有的情况下,当事人对于结束婚姻本身并无太大的分歧,但是因为涉的财产数额过大,对于如何分割财产,存在非常严重的冲突,从而难以调和和化解。

6.3.2 国家对于离婚纠纷的治理

长久以来,调解一直是国家治理社会的一种重要策略。从陕甘宁边区政府

---

[1] 参见《中国法律年鉴·1992》,中国法律年鉴社 1996 年版,第 34-35 页;《中国法律年鉴·1994》,中国法律年鉴在 1994 年版,中国法律年鉴社 1995 版,第 99 页;《中国法律年鉴·1995》,第 95 页;《中国法律年鉴·1996》,中国法律年鉴社 1996 年版,第 126 页;《中国法律年鉴·1998》,中国法律年鉴社 1998 年版,第 131 页。

时期开始,调解就被用来缓和共产党激进的婚姻政策与保守的乡土婚俗之间的矛盾。而在新中国建立后的很长一段时间内,由于国家对社会控制的加强,大量的离婚纠纷往往被当事人所在的社区、单位组织所消化。① 然而,随着改革开放的推进,国家对社会控制的放松,市民的生活空间得到了有效的释放。同时,随着社会经济的发展,国民所拥有的财富均有了很大的增长。关于夫妻之间婚前及婚姻持续期间所积累的财产,在婚姻关系终结之后应当如何分配,当事人向国家提出了新的规范诉求。

在这种大环境的变迁中,国家的正式制度,一方面对当事人的离婚纠纷,呈现出放松管制的状态。另一方面,对夫妻共同财产应当如何分割,加强了法律知识供给。在制度方面上,主要有两件事值得特别指出:(1)1980 年《婚姻法》做出修订,明确把感情破裂作为法定的离婚条件。在此之前,虽然 1950 年的《婚姻法》没有明确规定离婚的法定条件,但是在实践中对离婚实行有错判定,即主要对有罪错、有生理缺陷的案件实行离婚判决,对一般感情破裂及婚外恋则认为是不道德的,采取拖而不判的方针。1980 年《婚姻法》的修订则明确了无过错离婚原则,使得对离婚的限制变得宽松。从历史的观点来看,《婚姻法》的修订,是对"文革"期间极左思潮所造成的"政治婚姻"的一种法律松绑。正如学者所言,由于在"文革"的动荡年月里,出现了许多基于政治考虑的婚姻,一些女青年为了摆脱出身不好的艰难处境而找政治条件好的男性结婚。② 随着"文革"的结束,人们对婚姻的评价标准不再是出于政治的因素,在原来动荡年月缔结的婚姻产生了重新调整的必要。这构成了 20 世纪 80 年代出现离婚高峰的主要原因。而《婚姻法》的修订也是在这种社会环境下进行的。(2)最高人民法院加强了关于夫妻财产方面的司法解释。进入 21 世纪,随着经济的发展,许多的家庭积累了相当数量的财富。这些财富不是传统意义上的金银首饰等物品,而是现代社会中所注重的不动产、公司股票、证券等。由于这些财富具有高增值性和高流通性,在婚姻法律关系结束时,往往成为当事人之间争夺的主要目标。为了应对这一需求,最高法院出台了一系列的关于婚姻法的司法解释,重点强化对夫妻共同财产分割的规范解释。例如,《婚姻法司法解释三》中,大多

---

① 在很多西方学者的研究,调解成为破解毛泽东时代中国纠纷解决的关键词。参见:Diamant N J. Revolutionizing the Family: Politics, Love, and Divorce in Urban and Rural China, 1949－1968. American Journal of Sociology, 2001, 107(1):256.

② 吴德清:《当代中国离婚现状及发展趋势》,文物出版社 1999 年版,第 66-67 页。

数的条文,都是围绕如何认定夫妻共同财产、夫妻共同财产的分割等进行的。

国家关于离婚控制的放松和对夫妻共同财产分割法律知识的供给强化,导致了大量的离婚纠纷涌入法院。到法院诉请离婚并按照法律的规定分割财产,成为多数当事人的一种倾向。据笔者的观察,大多数向法院诉请离婚的主要为女性。这种现象,可以从如下两个方面理解:(1)首先表明女性独立性的加强。由于经济的发展和女性就业渠道的增多,女性在家庭中的地位得到了较大的提升。由于很多女性都有自己的工作岗位,在经济上女性摆脱了对男性的附从。近些年,一些基层法院受理了大量打工女诉请离婚的案件,在一定程度上验证了此点。(2)离婚纠纷当事人对于夫妻共同财产的分割存在明显的分歧。由于国家法律关于夫妻财产的分割,采取平等兼照顾女性的原则,与当下中国的传统观念还存在一定的冲突,导致女性更愿意通过法院来处理离婚纠纷。

为了便于从数据上观察当代中国离婚纠纷的变迁,笔者选择了离婚纠纷人民调解收案数和法院离婚纠纷收案数作为比较的对象(见表 6.5 和图 6.8)。

表 6.5　离婚纠纷人民调解收案数与法院收案数

年份	人民调解收案数/件	法院收案数/件	离婚纠纷总数/件	人民调解占比/%	法院诉讼占比/%
1983	1159864	373854	1533718	75.62	24.38
1984	1143742	417006	1560748	73.28	26.72
1985	1072116	402718	1474834	72.69	27.31
1986	1223836	454982	1678818	72.90	27.10
1987	1188353	547794	1736147	68.45	31.55
1988	1240006	632278	1872284	66.23	33.77
1989	1238819	745267	1984086	62.44	37.56
1990	1222214	811833	2034047	60.09	39.91
1991	1333026	862326	2195352	60.72	39.28
1992	1183317	896709	2080026	56.89	43.11
1993	1187687	946682	2134369	55.65	44.35
1994	1191925	1034488	2226413	53.54	46.46
1995	1146769	1132349	2279118	50.32	49.68
1996	1091703	1208031	2299734	47.47	52.53
1997	1031489	1240732	2272221	45.40	54.60

续表

年份	人民调解 收案数/件	法院收案数 /件	离婚纠纷 总数/件	人民调解 占比/%	法院诉讼 占比/%
1998	952317	1231578	2183895	43.61	56.39
1999	868585	1199193	2067778	42.01	57.99
2000	871710	1154198	2025908	43.03	56.97
2001	851919	1142136	1994055	42.72	57.28
2002	796279	1070334	1866613	42.66	57.34

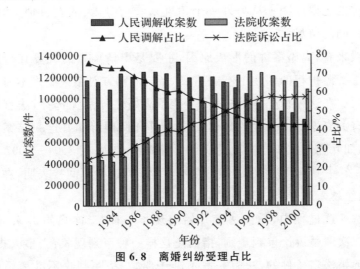

图 6.8　离婚纠纷受理占比

从图 6.8 中可以发现,在人民调解与法院诉讼两种离婚纠纷的处理方式中,越来越多的离婚纠纷涌入法院,人民调解在分流离婚纠纷过程中所起到的作用呈现出弱化的趋势。这也验证了国家在治理离婚纠纷领域中的一种态度,即加强对当事人的法律治理,从而实现从社会控制向规则治理的转变。当然,这种转变,也是以处于社会之中的当事人诉求为前提的。

6.3.3　离婚纠纷调解率变迁中的法院策略

一方面,当事人对于调解(尤其是人民调解)的需求下降;另一方面,国家加强了离婚纠纷领域的制度供给。法院面对的是大量离婚案件的涌入。这种情况极大地改变了法院在离婚案件审理中的行为方式。例如,有学者实地调查发现,20 世纪 80 年代初法院接到离婚诉讼案件后,一般要调解 10 次以上,而到

20世纪80年代末,一般只调解1～2次。[1] 调解资源投入的减少,必然意味着调解率的下降。在笔者看来,法院对调解资源投入的减少,固然有着自身的逻辑(如提高审判效率、应对案件数量压力),但在另一方面,何尝不是对当事人需求变化与国家治理的一种回应。需要指出的是,虽然当事人的调解诉求处于消亡的过程,国家也加强了夫妻财产分割的制度供给,但是调解仍然是离婚纠纷中的使用方式。这是婚姻家庭、继承纠纷有别于合同纠纷、侵权纠纷的一大特点,值得我们进行深入的分析。在笔者看来,受传统文化观念"宁拆一座庙,不破一桩婚"以及"夫妻感情确已破裂"难以判断,是导致离婚纠纷中调解仍然占据主导地位的主要原因。从另外一个角度来看,在广大的农村地区,调解仍然具有相当广阔的市场。

从实践来看,离婚案件的形成原因,主要是申请离婚的夫妻在分割夫妻共有财产和子女监护权的问题上不能达成一致,而双方对结束婚姻本身并不存在严重的争议。在这种情况下,法官除了准予离婚之外别无选择,法官的主要工作是做出有关离婚财产分割的具体安排。[2] 同时,调解和好这一结案方式也在逐渐式微,如叶鹏对宝丰县法院的实证研究表明,该院在2004—2007年审结的100件离婚案件中,调解和好的案件仅有3件。[3] 这些都间接表明,在离婚诉讼中,判决已经越来越受到法院及民庭法官的重视和青睐。

在司法实践过程中,不少法院开始出现了一种"二次离婚诉讼"的审判规则。所谓二次离婚诉讼审判规则,指的是这样一种审判现象:当事人提出离婚,未能符合离婚法定条件的,法院一般不准予离婚,法院判决不准离婚超过法定期限(一般为6个月)后,当事人再次提起诉讼的,法院一般准予其离婚。

例如,湖北恩施州中院2003年1月至2005年8月共审结7057件离婚案件,审理者发现离婚诉讼调解和好难度增大,恩施州下辖的利川市法院和咸丰县法院近3年审理的离婚案件中,调解和好率分别只有21.7%、11.1%,绝大多数离婚诉讼的夫妻最终分道扬镳。当事人要求离婚的态度坚决,有的夫妻一年之内3次向法院起诉离婚。判决不准离婚6个月期满后,当事人起诉离婚的人数逐年增加。[4] 杭

① 吴德清:《当代中国离婚现状及发展趋势》,文物出版社1999年版,第66-67页。
② 贺欣:《离婚法实践的常规化——体制制约对司法行为的影响》,《北大法律评论》2008年第2期,第456-477页。
③ 叶鹏:《对农村离婚案件的调查与分析》,《中国管理科学文献》2008年第12期,第565-567页。
④ 佚名:《家庭解体的是与非——对恩施州离婚案件的调查》,恩施新闻网:http://www.enshi.cn/20050923/ca29183.html,2011年5月22日访问。

州滨江区法院严克新对滨江法院 2007—2009 年审结的 307 件离婚案件进行统计分析发现,初次起诉离婚法院未予解除婚姻关系的案件,当事人再次起诉的比例较高,占 22.14%,且第二次起诉后法院解除其婚姻关系的比例亦极高,占 80.88%。此种现象并非偶然,在各地基层法院及其派出法庭里普遍存在,司法实务中已经形成了离婚案件"二次诉讼"的审判现象。[①]

再如,马湘莺、王晓玲、贺欣分别对湖南、甘肃、广东三省的基层法院进行实地调查发现,由于离婚诉讼中对"感情确已破裂"的举证困难,法官会利用《民事诉讼法》第一百十一条第二款第七项的规定来应对离婚诉讼中的事实认定尴尬。[②] 通常的做法是,对于存在争议的离婚诉请(既包括事实认定的困难,也包括当事人对抗激烈的案件),主审法官会判决驳回诉请或者动员当事人撤诉,告知双方 6 个月后可以再行起诉,半年后未和好再诉至法院的,法官会判决准予离婚。这种处理离婚案件的做法,"在不断的反复操作中成为基层法院离婚案件承办法官的一种默认规则。这个惯例,不但办理民事案件的法官们了然于胸、遵行不悖,很多当事人也似乎通过各种途径(如已经判决离婚的人、委托代理人甚至是法官本人)明白了其中奥妙"[③]。甚至有法官声称:"判维持夫妻关系,并不会形成错案。既然没有法律规定的情形,就可以给当事人一次机会,若婚姻关系果真无法维系,当事人自然会再次起诉,到时再判离比较妥当。"[④]

上述经验证据表明,在婚姻诉讼实践中,存在着这样一种二次离婚诉讼规则,法院对于具有严重争议的初次离婚请求,往往判决驳回请求,而对于 6 个月后再次起诉的离婚案件,法院往往判决准予离婚。

二次离婚诉讼规则一出现,即面临着合法性的拷问。在本书的语境中,合法性问题可以细化为如下两个方面:其一,审判者是否具有创设此种规则的权力?其二,此种规则之创制,是否具有法律上的正当性?诚然,学界对法官是否具有造法的权力仍存有争论。但不容否定的是,实践中法官造法早已展开。因此,讨论审判者是否享有造法权力,还不如分析其造法的限度。正如学者所说:

[①]　严克新:《离婚案件"二次诉讼"规则的成因及建议》,光明网法院频道:http://court.gmw.cn/html/article/201101/10/636.shtml,2011 年 5 月 22 日访问。

[②]　《民事诉讼法》第一百十一条第二款第七项:判决不准离婚和调解和好的离婚案件,判决调解维持收养关系的案件,没有新情况、新理由,原告在 6 个月内又起诉的,不予受理。

[③]　马湘莺:《调解还是判决——关于汨罗市人民法院离婚案件的调解结案率低的原因分析》,北京大学 2005 年度硕士论文,第 15-16 页。

[④]　王晓玲:《冲出围城——M 法院离婚案件调查报告》//徐欣:《司法程序的实证研究》,中国法制出版社 2007 年版社,第 208 页。

"法官造法所要争论的不应是是否允许的问题,而应是如何对其限制(或允许)的问题。法官造法的本质就是为当前案件创制一条裁判规范,就其限度而言,法官仍应在法律的限度内来创制法律。"①基于这一理解,对二次离婚诉讼合法性的阐释,可以从规则创制的必要性、新创制规则与既有法律规则体系的协调性来进行论证。

所谓规则创制的必要性,是指既有的法律规则已经无法为司法者所面临的案件提供必要的司法审判知识。根据我们的生活常识,一项新的社会规则的出现,其原因不外乎两种:要么既有的规则无法实现有效的知识供给,要么是规则所调整的对象属于新产生的社会现象。众所周知的是,结婚与离婚皆为正常的社会形态,自然也就不具有新现象的特征。因此,只能从既有的司法审判知识体系来寻找原因。从实践来看,二次离婚诉讼规则的出现,其诱因在于我国婚姻法律制度对离婚审判所供给的知识无法满足现实需求所造成的。更进一步而言,该规则的出现,与《婚姻法》对离婚采取"限制主义"态度及对离婚标准的模糊化表述有关。

改革开放以来我国的婚姻立法对离婚持"限制离婚"的态度。在"限制离婚主义"的影响下,立法虽承认缔结婚姻的双方当事人均享有离婚请求权,但对离婚的条件施加严格的限制。只有符合法律所确定的离婚标准,才允许离婚。基于"限制离婚主义"的立场,我国《婚姻法》第三十二条第二、三款对必须准予离婚的情形采取例示的立法方式,在概括性标准"如感情确已破裂,调解无效,应准予离婚"之后,明确列举了夫妻感情确已破裂的四种情形。这四种情形分别是:重婚或者有配偶者与他人同居的;实施家庭暴力或虐待、遗弃家庭成员的;有赌博、吸毒等恶习而屡教不改的;因感情不和分居满两年的。

从立法技术的角度来看,上述明确列举的四种情形应当是实践中最为常见的离婚情形。然而,我国自改革开放以来三十年余年的离婚实践表明,《婚姻法》所明文确定的四种离婚理由(标准)与实践有着明显的背离。根据北京大学社会学系对中国 11 区(县)共 6279 对离婚夫妻的问卷调查,发现导致夫妻双方离婚的主要原因有:性格志趣不同、家务矛盾、草率结婚、生活作风问题、性生活不协调、一方病残、一方犯罪等。② 数据显示,20 世纪 80—90 年代,导致中国城

---

① 张其山:《法官造法的限度及方式》//陈金钊、谢晖:《法律方法》(第 7 卷),山东人民出版社 2008 年版,第 276 页。

② 吴德清:《当代中国离婚现状及发展趋势》,北京文物出版社 1999 年版,第 58-61 页。

乡居民离婚的三大因素为性格志趣不同、家务矛盾、草率结婚。虽然因家务矛盾和草率结婚两大因素所导致的结婚互有消长,但是,从总体上看,前三大因素相加可达到 72%。《婚姻法》第三十二条所首要例示的生活作风问题(与"重婚或者有配偶者与他人同居"相当)所占的比例尚未达到 8%(分别为 6%和 7.7%)。此外,陈保忠通过对湖北省云梦县法院 1997—1999 年所审理的 200 余起离婚案件的分析,发现"感情不和,性格不合。夫妻间少了解,缺感情,无共同语言,经常吵闹,导致感情破裂。这类离婚的比例最高"[1]。

中国政法大学巫昌祯、夏吟兰等人所组成的"婚姻法执行中的问题"课题组对北京、厦门和哈尔滨三个地区的中院和一审法院进行调研,发现诉请离婚的主要理由与前述调查结果有着惊人的相似之处,即性格不合仍然是离婚的主要原因,在北京的调查中 60.5%的被调查人员因性格不合而分道扬镳[2]。而马忆南等对山东省烟台市十三个基层人民法院的调研发现,2002 年该地区所审理的 2884 起离婚案件中,原告以"性格不合,经常争吵,无法共同生活"为由请求离婚的共计 1609 起,占全部离婚案件的 55.8%;以"重婚或有配偶而与他人同居""实施家庭暴力、遗弃家庭成员"为由诉请离婚的有 501 起,最终为法院所确认的仅有 112 起,占全部案件的 3.9%。此外,以"双方感情不和分居已达一定期限"为由请求离婚的为 732 起。应当注意的是,在该地区的离婚诉讼申请中,原告诉称被告存在第三者的情形有 389 起(最终为法官认定存在通奸行为的有76 起)[3]。从烟台地区的情况来看,"性格不合、经常争吵、感情不和"仍旧是导致夫妻双方诉请离婚的主要理由。此外,法院部门的一些调查报告也证实了巫昌祯、马忆南的这一观察。例如,江苏省高级人民法院民一庭分析江苏省 2003 年、2004 年、2005 年度审理的婚姻家庭案件后发现,导致夫妻离婚的主要原因以"性格不合居多,隐性家庭暴力次之"[4]。河北石家庄庄裕区人民法院何亚辉法官发现其所在法院审理的离婚案件,"除去夫妻一方有过错的情形外,因性格不合、夫妻关系破裂的无过错离婚占大部分"[5]。

---

① 陈保忠:《透视离婚案件——来自湖北云梦县的调查报告》,《人民日报》2000 年 2 月 17 日第 10 版。

② 巫昌祯:《婚姻法执行状况调查》,中央文献出版社 2004 年第 4 版。

③ 马忆南:《婚姻法第 32 条实证研究》,《金陵法律评论》2006 年春季卷,第 21 页。

④ 此处的隐性家庭暴力,又称家庭冷暴力,是指夫妻间因精神交流过少而导致夫妻感情冷淡。隐性家庭暴力不属于《婚姻法》第三十二条所规定的家庭暴力范围。参见江苏省高级人民法院民一庭:《江苏省法院婚姻家庭案件审理若干问题的调查报告》//《民事审判指导与参考》(总第 31 辑),法律出版社 2007 年版,第 165 页。

⑤ 蔡艳荣:《6 个月婚姻考验期破解离婚案瓶颈》,《燕赵都市报》2010 年 9 月 15 日第 6 版。

从上述调查可以发现,经过三十多年的经济与社会变迁,中国的婚姻关系虽然有所变化,但仍然具有稳定的特征。在离婚诉讼中,这种高稳定性表现为离婚主要原因仍为"夫妻双方性格不合"。换言之,新闻媒体所大肆渲染的离婚因素,如家庭暴力、婚外情等,并不是导致中国家庭破裂的主导性因素。① 然而,如果对照我国《婚姻法》第三十二条,可以发现,由于采取限制离婚的立法政策,婚姻当事人因性格不合而导致感情破裂,从而应当终结婚姻的这一事由并未被列入法定的离婚理由。这种对婚姻现实的忽视,导致了《婚姻法》调整预期的落空。大量的因性格不合导致感情破裂的离婚案件进入法院,而《婚姻法》对此无能为力,将判断的"包袱"扔给了案件的审理者。可以说,《婚姻法》的立法表述与离婚现实的偏离给婚姻案件的审理者造成了极大的困扰,他(她)们一方面必须在限定的期限内对所审理的离婚案件进行裁判,另一方面却在成文法的体系内找不到相应(或者说模糊)的裁判标准。正如中国俗语所说,清官难断家务事,离婚案件中事实认定的困难,加之"感情确已破裂"这一离婚标准难以把握,离婚案件成为法官的头疼案件。为了应对这一窘局,中国的民事审判者务实性地创造了成文法规则所无法发现的"二次离婚诉讼规则"。

二次离婚诉讼规则还面临着其是否与我国既有法律规则体系冲突的问题。按照学界较为一致的看法,审判者创制规则仍应坚持在立法者所规定的法律体系内,按照立法者在法律体系中所规定的法律原则来发现法律规范中的含混和缺陷之处,此为新创设规则确立合法性的重要一环。从我国既有的民事立法来看,尚没有明文规定二次离婚诉讼规则。但是,这并不能说明此规则在现有的法律体系中缺乏条文根据。事实上,如果将研究的视野放宽至《民事诉讼法》,则我们可以获得另外一番收获。根据我国《民事诉讼法法》第一百十一条第二款第七项的规定,判决不准离婚和调解和好的离婚案件,没有新情况、新理由的,原告在6个月内又起诉的,法院不予受理。仔细推敲这一规定,还可以从该规则中解析如下两个方面的重要信息:其一,对于判决不准离婚和调解和好的案件,在有新情况或者新理由的情境下,法院应当受理其再次起诉的申请;其二,对于判决不准离婚和调解和好的案件,没有新情况、新理由的,原告可以在6个月之后起诉,法院亦应当受理。基于该规定的第二重信息,离婚诉讼当事人提起二次诉讼,本身符合既有法律规范的要求,并不存在违法的嫌疑。当然,审判者根据现实的需要,对《民事诉讼法法》第一百十一条第二款第七项进行了

---

① 当然,不可否认的是,家庭暴力和婚外情是婚姻终结的致命因素,其危害性不可忽视。

新的运用,即通过 6 个月的时间考察,用于辅助判断当事人之间的感情是否确已破裂。由此,在审判者的刻意安排下,《民事诉讼法法》第一百十一条与《婚姻法》第三十二条被重新组合,被赋予了新的意义,产生了一项新的审判规则。

关于二次离婚诉讼审判规则,学术界亦存在着批判的声音。有学者认为,二次离婚诉讼审判规则是法官最大化自身利益的产物。如贺欣认为:"判决不予离婚已经成为法官最大化个人利益和保护自己的策略……对首次离婚请求判决不准予离婚和对再次离婚请求判决准予离婚同样服务于同一个目的——增加结案数和降低对法官的不利风险。"[①]诚然,从现实主义的角度来看,中国的审判者并不是处于真空中进行判决,其自身兼有"法律世界中的法官""社会结构中的法官""权力结构中的法官"这三重身份。作为权力结构中的行政人,司法审判者必然会受到科层制司法管理的影响。在过于倚重数字化管理技术的中国各级法院中(尤其是基层法院),作为理性经济人的法官,要最大化自身利益,包括达到法院的考核业绩和职位的晋升条件等,必须要在审判过程中最大限度地增加案件的结案数,并同时注意减少当事人的投诉和上诉的可能。在上诉率、投诉等体制性的制约因素影响下,法官对于首次诉请离婚的案件,如果判决不予离婚,可以达到快速审结案件,增加审结案件数量的目的。在这一业绩指挥棒下,为了最大化自身利益,规避风险,二次离婚诉讼审判规则似乎是一个理想的选择。然而,值得怀疑的是,由司法审判者所创造的这项"潜规则"为何不仅大受法官的欢迎,而且亦为相关的律师和当事人所接受,成为一项在法官、律师和当事人之间具有明确共识的规则? 事实上,对于提起离婚诉讼的原告而言,要从婚姻的围城中成功解脱出来,需要经历两次到法院起诉的过程,期间所耗费成本(如诉讼时间、精力以及相关的经济费用)比之一次诉讼即告成功要高出许多。如果该项审判规则,只是对于审判者有利,而对于发起诉讼的原告并无实益,必然面临来自当事人的激烈反抗。然而,从实际的审判效果来看,并未出现这一情形。那么,是什么因素让当事人如此"顺从"地接受了这一看似不公平的规则条款?

在笔者看来,可以从信息这一角度对此进行较为合理的解释。

在婚后的深入接触中,得到更多关于彼此的信息,双方的感情也因彼此接触的加深而发生变化。婚后最初几年内所获得的信息常常会成为婚姻很快终

---

① 贺欣:《离婚法实践的常规化——体制制约对司法行为的影响》,《北大法律评论》2008 年第 2 期,第472 页。

结的主要原因。正如贝克尔所说,早期婚姻的破裂,经常的原因是"配偶难以相处和价值观念相悖",更主要的是因为婚前对其选择的对象的信息掌握不完全和婚后对其配偶的了解进一步加深。① 在前文中,笔者也分析了中国离婚诉讼的主要诉讼理由为"夫妻感情不和"。按照民事诉讼的"谁主张,谁举证"的举证规则,要达到成功离婚的目的,原告需要向法院详细地举出足以说明"夫妻感情确已破裂"的感情不和证据。然而,要将一项隐秘的事物显性化,本身就是一个极为困难的过程,更何况家务事!

一位有着多年办案经验的法官告诉笔者,在离婚案件的审理中,法庭要求当事人收集的用于证明"夫妻感情破裂"的证据,主要应包括街道办事处(或居委会)等单位出具的书证、相关物证及证人证言等方面,如当事人双方曾经有过离婚的意思,一方书写的字据(如悔过书)可以作为书证。其中,居委会出具的书证是一种主要方式,但应当以邻居之间的证人证言作为佐证。如果离婚当事人曾通过居委会进行过调解,居委会为此出具的证明当然可以作为法庭第一手材料。然而,随着现代社会的发展以及个人隐私意识的提高,夫妻双方出现的矛盾,已经很少要求居委会介入并提供帮助。同时,一般的邻里等知情人,往往碍于情面不愿作证或者是因与当事人有利害关系而导致证据证明力较弱,使得法官对夫妻感情是否确已破裂的认定难以把握。② 由于举证上的障碍,导致大量的离婚诉讼案件处于极为尴尬的境地,当事人与审判者处于严重的信息不对称状态。对于大量的当事人而言,其对自身的感情破裂处于极为自信的境界,对婚姻的终结抱有高度的期待。然而,在"感情确已破裂"这一举证过程中,由于客观条件的限制,当事人无法将相关的信息及时、有效、全面地传递给审判者。对于审判者而言,当事人所提供的证据本身带有一定的主观性。加之离婚诉讼主要处理的是人身关系,尤其是事关感情,隐秘性较大,只有当事人本人最清楚。由此造成审判者的被动。对于"家务事难理"的审判者而言,面对有争议的离婚案件(大部分案件都属于这一类型),判决准予离婚和判决不予离婚,具

---

① 贝克尔认为,信息不完全和不确定性是导致夫妻离婚的一个主要原因。婚姻是一个信息逐渐完善的过程,对彼此的信息掌握过少,容易导致婚后不久即告离异。与婚前所能得到的信息相比,婚后最初几年通常可以得到其配偶关于情感和许多其他特征的信息。婚后不久就出现的婚姻破裂,主要是由于婚前信息的不完全性以及婚后信息的充分积累。参见[美]加里·斯坦利·贝克尔:《信息的不完全性、结婚和离婚》//王献生、王宇:《家庭论》,商务印书馆 2005 年版,第 387-410 页。

② 随着城市的发展,有的小区里没有居委会,只有物业管理公司,或者几个保安,他们对小区居民的情况并不一定非常了解,他们出具证言证明某些事实的可信度大打折扣。

有极大的自由裁量空间。受传统的"宁拆十座庙,不破一桩婚"观念的影响,审判者对于判决准予离婚持慎重的态度。由此出现了,当事人离婚的巨大需求与法院的审慎态度之间的紧张与冲突。

作为社会结构中的法官,必然也面临着回应社会需求的任务。为了缓解这一紧张,克服成文离婚标准的不足,也为了较好地完成司法审判任务,审判者创造了二次诉讼审判规则。在这一规则下,6个月的时间在客观上促成了离婚法定条件的形成。由于当事人缺乏相应的法律知识,在第一次起诉离婚时不符合离婚的法定条件或无法提交相应的证据,尤其是关于夫妻分居时间满2年的要求,原告往往未分居满2年或者即使满2年亦难以举证。当事人经动员撤诉或判决不准离婚后,经过6个月至1年时间,客观上促成了离婚法定条件的形成,在第二次诉讼中更易被判决准予离婚。进一步而言,二次离婚诉讼规则成为填补当事人与审判者之间信息不对称的有效工具。对于审判者而言,他可以有效地克服"家务事难理"这一障碍,顺利地实现对婚姻事实的认知过程;对于当事人而言,二次离婚诉讼规则成为她(离婚诉讼中原告女性居多)减轻或者替代举证的有效工具。在此情境下,二次离婚诉讼规则实现了当事人与审判者之间的"双赢"。

当这一做法成为审判者经常"复制"使用的资源时,它也意味着开始了一个规则化、制度化的过程。正如学者所说:"制度是已有社会惯例、结构的存储,通过这种存储我们使集体记忆、表述、价值、规则、标准等外部化,以使它比我们人类更持久。"[1]显然,当"要离婚起诉两次"的做法慢慢成为审判者和当事人所接受的司法习惯时,它也就走上了一条制度化之路,尽管这项规则尚未以成文法的面孔出现在世人面前。二次离婚诉讼审判规则的生产,为"司法活动,实际上已经成了法律中的一个创造性因素"做了一个生动的背书。[2]当然,也应当看到,二次离婚诉讼审判规则还面临着浪费司法资源的问题。但在笔者看来,可以通过改进我国婚姻立法,通过设置冷静期这一重要离婚程序,吸收两次离婚诉讼规则本身所蕴含的重要司法经验,可以最终克服司法资源的浪费问题。也许,二次离婚诉讼规则所折射的法官智慧为正式规则所吸收之前,它还可能只是一种司法"潜规则"。但是,我们并不能因为它的非正式性而忽视它的存

---

① [英]马克斯·H.布瓦索.:《信息空间——认识组织、制度和文化的一种框架》,王寅通等译,上海译文出版社2000年版,第390页。

② [美]亨利·J.亚伯拉罕:《司法的过程》,泮伟江等译,北京大学出版社2009年版,第1页。

在。正如苏力教授所说:"法律社会学研究的目的不在于用现实生活来说明一个已知的道理,而应当力求,并且完全可能从生活的个案中发现新的观点甚至理论模型。"[①]从另外一个角度来看,二次离婚诉讼审判规则为我们揭开了法官经验世界的一角。经由此角,我们可以窥见具有智慧的法官个体在制度与事实之间的自主性有着相当广泛的行为空间,而这一点我们在社会主义法治建设中是绝不可忽视的。

6.4　本章小结

在当代中国离婚纠纷调解率的变迁过程中,当事人、国家与法院围绕着离婚纠纷的处理,扮演着各不相同的角色。从根本意义上看,调解率的下滑,主要原因是当事人在夫妻共同财产分割问题上分歧过大。这一原因,导致国家在制度供给上的变化,从而进一步推动离婚纠纷当事人将纠纷诉诸法院。在应对当事人的离婚纠纷诉求过程中,受传统观念的制约以及"夫妻感情确已破裂"的判断困境,法院在司法实践过程中出现了"二次离婚诉讼审判规则"。一件离婚纠纷,必须要经过两次起诉、两次判决,才能实现最终结束婚姻法律关系的目的。这间接导致了法院判决率的上升、调解率的下降。这一规则的出现,固然有着客观的原因,但它与法院的体制性约束不无联系。

---

① 苏力:《法治及其本土资源》,中国政法大学出版社 2004 年版,第 64 页。

第7章　司法政策转型对调解率
变迁的影响

7.1　大调解时代的民事诉讼政策转型

进入 21 世纪,中国的民事诉讼调解政策发生了巨大的转变。自 2002 年以来,最高人民法院先后出台《最高人民法院关于审理涉及人民调解协议的民事案件的若干规定》(法释〔2002〕29 号)、《最高人民法院关于适用简易程序审理民事案件的若干规定》(法释〔2003〕15 号)、《最高人民法院关于人民法院民事调解工作若干问题的规定》(法释〔2004〕12 号)等司法解释,以及《最高人民法院关于进一步发挥诉讼调解在构建社会主义和谐社会中积极作用的若干意见》(法发〔2007〕9 号)、《最高人民法院关于建立健全诉讼与非诉讼相衔接的矛盾纠纷解决机制的若干意见》(法发〔2009〕45 号)、《最高人民法院关于进一步贯彻"调解优先、调判结合"工作原则的若干意见》(法发〔2010〕16 号)等司法指导意见,从不同角度和层面对人民法院调解工作做出了规定。

从"调解为主、着重调解"到"自愿合法调解",再到"能调则调、当判则判、调判结合、案结事了",发展至"调解优先、调判结合"。最高人民法院关于诉讼调解的公共政策发生了近乎一百八十度的大转变。[①] 法院司法政策的转变,如此迅捷,与我国当前社会转型过程中执政党所提出的社会建设目标有关。进入 21 世纪,中央第四代领导集体基于"我国进入改革发展的关键期和社会矛盾凸

---

① 关于最高法院公共政策创制功能的研究,参见张友连:《最高人民法院公共政策创制功能研究》,法律出版社 2010 年版;袁明圣:《公共政策在司法裁判中的定位与适用》,《法律科学》2005 年第 1 期;丁以升、孙丽娟:《论我国法院公共政策创制功能的构建》,《法学评论》2005 年第 5 期。

显期"这一基本判断,就中国的现实发展路径做出了"科学发展观"与"和谐社会建设"的战略决策。所谓改革发展的关键期,按照国家主席胡锦涛的论述,是指:"一些国家和地区的发展历程表明,在人均国内生产总值突破 1000 美元之后,经济社会发展就进入了一个关键阶段。在这个阶段,既有因为举措得当从而促进经济快速发展和社会平稳进步的成功经验,也有因为应对失误从而导致经济徘徊不前和社会长期动荡的失败教训。"① 也是在这一时期,社会矛盾呈现出尖锐化的趋势。"矛盾的主体越来越以利益群体的面目出现,具有利益群体冲突博弈的性质;矛盾的焦点往往直接或间接集中到政府,地方政府往往首当其冲,不得不站在第一线;矛盾的表达往往采取多渠道、多样化的维权形式,而维权的目标和手段常常脱节;矛盾的互动往往采取激化甚至尖锐、恶性冲突的方式,具有倾向激化、诉诸冲突的趋势。"②

基于改革关键期这一判断,缓和社会矛盾,妥善化解利益群体之间的矛盾,甚至是避免矛盾的激化,成为执政者的重要目标。党报刊载的《提高构建社会主义和谐社会的能力》一文明确提出,"要进一步完善处理人民内部矛盾的方式方法,完善信访工作责任制,建立健全社会矛盾纠纷调处机制,把人民调解、司法调解、行政调解结合起来,依法及时合理地处理群众反映的问题"。③ 司法调解,与人民调解、行政调解,一起成为国家治理的重要工具。基于陕甘宁边区时期所形成的政法传统,即"司法要服从于政治、服务于党和政法的工作大局"。④和谐社会建设,要求各个部门(当然包括司法部门)高度重视社会稳定工作,深入化解社会矛盾。最高人民法院民事司法政策的转变,正是在这种环境下发生的。在党的六中全会下发《关于构建社会主义和谐社会若干重大问题的决定》之后,最高人民法院及时地发布了《关于为构建社会主义和谐社会提供司法保障的若干意见》,把"为构建社会主义和谐社会提供司法保障"确定为人民法院

---

① 胡锦涛:《提高构建社会主义和谐社会的能力》,《人民日报》2005 年 6 月 27 日第 1 版。这一文稿是根据胡锦涛在省部级主要领导干部提高构建社会主义和谐社会能力专题研讨班上的讲话整理而成。

② 郑杭生:《当前我国社会矛盾的新特点及其正确处理》,《中国特色社会主义研究》2006 年第 4 期,第 32-35 页。

③ 胡锦涛:《提高构建社会主义和谐社会的能力》,《人民日报》2005 年 6 月 27 日,第 1 版。

④ "政法事业是中国特色社会主义事业的重要组成部分,必须随着中国特色社会主义事业发展而发展;政法工作是党和国家工作的重要组成部分,必须在党和国家的工作大局下开展,为党和国家工作大局服务。切实维护党的执政地位,切实维护国家安全,切实维护人民利益,确保社会大局稳定,是政法战线的首要政治任务。"胡锦涛:《立足中国特色社会主义事业发展全局,扎扎实实开创我国政法工作新局面》,《人民日报》2007 年 12 月 26 日第 1 版。

的重大历史使命,提出了"化解社会矛盾,促进社会和谐""调解经济,保障社会发展""坚持宽严相济、确保社会稳定"等民事、商事、刑事审判政策。

从上述背景,我们可以看到,诉讼调解政策的转型,有着深刻的政治背景。在一定意义上,对诉讼调解的强调,是对政治语言的一种司法翻译,是司法对政治响应性的一种具体表现。

7.2 "调解优先"的激励对象与激励方式

政策的转型,必然对法院的运转产生影响。然而,需要指出的是,由于"在法院的层面上,司法的政治逻辑比较强;而在法官的层面上,司法的政治逻辑则弱得多",[①]如何将强调调解的司法政策转化为法官的行动力量,还需要进一步的考察。笔者在前文已经指出,由于民事法官案件负荷量的巨大,强化调解,必然导致法官投入更多的时间与精力,这必然与法官的效率逻辑产生冲突。那么,转变的司法政策需要借助于何种途径进入法官的日常司法运作? 在过往的一些研究中,有不少学者指出中国法官的行政化(或者说官僚制)结构,导致了司法对于政治具有响应性。[②] 易言之,行政化构成了国家政策快速传导进入司法、司法政策贯彻法院内部体系的通道。这一观点,对笔者不无启发。在本节中,笔者就"调解优先"这一司法政策如何借助于行政化的管理体制驱动法官调解,做一个过程性的描述。

7.2.1 "调解优先"的激励对象

就理论而言,诉讼调解政策,本身应当适用于所有的法官,自然也就不存在激励对象的问题。然而,在我国的司法实践中,应当将诉讼调解的对象区分为两种:普通法官与领导干部。之所以做区分,原因在于,我国法院内部的人事管理仍然与一般的公务员管理并无二致。这也导致,法院的权力结构并非英美法系中的平行结构,而是一种科层制结构,即"领导负责制""谁主管、谁负责、一级

---

① 翁子明:《司法判决的生产方式——当代中国法官的制度激励与行为逻辑》,北京大学出版社 2009 年版,第 49 页。

② 贺卫方:《中国司法管理制度的两个问题》,《中国社会科学》1997 年第 6 期,第 117-130 页。

抓一级、层层抓落实"(见图 7.1)。法官中的普通法官与领导干部之分,更关键的是两者之间的评价体系存在很大的差异。按照我国《法官法》的规定,法官的考评由人民法院所设立的考评委员会负责,其中法院的院长担任考评委员会的主任。普通法官的考核内容主要为"审判工作实绩,思想品德,审判业务和法学理论水平,工作态度和审判作风。重点考核审判工作实绩",考核结果作为"对法官奖惩、培训、免职、辞退以及调整等级和工资的依据"。[①] 从中可以看到,对于普通法官的考核,主要考察的是他们的审判业务办理情况。而对于法院领导干部,由于法院领导干部多担任了考评委员会的成员,考评自身就会存在"自己给自己打分"的矛盾。从我国的组织运行实践来看,对于以法院院长为核心的领导班子的考核,一般交由上级法院和同级党政机关进行,实行的是同级党政机关主管、上级法院协管的方法。按照《中共中央关于进一步加强政法干部队伍建设的决定》(中发〔1999〕6 号)的规定,政法机关领导班子成员都要履行"一岗双责"的责任,一手抓分管业务,一手抓队伍管理。[②] 也就是说,同级党政机关和上级法院对法院领导班子的考核,主要考核的是业务管理能力和队伍管理能力。

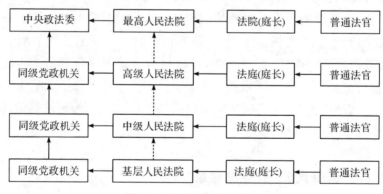

图 7.1　法院组织管理体系

为了便于说明激励对象的不同对于"调解优先"政策的实施过程的影响,笔者绘制了我国的法院组织管理体系。[③] 如图 7.1 所示,在法院的组织管理系统

---

①　参见《法官法》第四十八、四十九、二十一至二十五条。

②　一岗双责是我国党政机关所实施的一种考核制度。"一岗"就是一个领导干部的职务所对应的岗位;"双责"就是一个单位的领导干部应当对这个单位的业务工作和党风廉政建设负双重责任。

③　按照《宪法》与《人民法院组织法》的规定,上下级法院之间是一种监督与被监督的关系,在实际运行过程中,上级法院和下级法院之间出现管理、协管、指挥、领导、督查等关系,司法行政化趋势日趋严重。参见熊洋:《论上下级法院关系之异化及其重塑——以审级独立为视角的分析》,《太原理工大学学报(社会科学版)》2010 年第 4 期,第 38-42 页。

中,实施的仍然是一种与其他行政机关并无二致的等级制管理制度。在组织人事上,普通法官、庭长、院长之间的权力等级存在着管理与被管理、服从与命令的关系。这种科层式的管理思维,自然而然地延伸至法院的人事考核体系。具体而言,对于普通法官和法院领导干部,实施的是两套不同的考核体系。按照学者艾佳慧的归纳,法院考评方式的二元化,实际上就是一种"双轨制"。"以院长为首的法院考评委员会负责对普通法官的考核,且每一级法院的普通法官都面临以结案数、审限、调解率等诸多量化指标为内容的绩效考评以及随后的奖惩机制;而在同一个法院内部,考核法院庭长工作业绩的却是同级党政部门和上级法院(没有上级法院的最高人民法院是例外),考核的内容除了以量化指标表现出来的全院审判工作实绩外,廉政工作、队伍建设、装备建设、法制宣传、监督指导以及是否积极配合党的中心工作,更是考核的重点和强调点。"[1]"双轨制"的考核,也就意味着,法院的管理者,不仅要组织法院的力量来应对法院的案件压力,同时,也要应对同级党政机关及上级法院的考核要求。而普通法官则面临着来自以法院院长为中心的领导层的考核,由于考核结果是普通法官的奖惩、晋升、培训的依据,考核结果必然会对普通法官的日常工作产生指挥作用。

7.2.2 "调解优先"的激励方式

基于诉讼政策激励对象的差异,在实际的司法运行过程中,调解优先的政策往往需要经历如下几重转化:首先,上级法院将政策实施目标下达给下级法院;其次,下级法院将目标分解;最后,通过岗位目标管理等人事管理技术将之具体到办案法官。从这一过程来看,它的实施与其他的行政机关的政策实施在操作方式上并无二致。

其一,对于法院领导人员的激励。对于法院领导人员来说,如何获得同级党政机关和上级法院的正面评价,是他们最为关心的问题。从"同级党政主管、上级法院协管"的考核模式来看,同级党政机关主要负责的是对法院领导班子的政治考核,而上级法院对下级法院的考核,则主要侧重于对审判业务的考核。从我国的实践来看,同级党政部门对于法院领导班子的考核,与其他行政机关的考核标准与内容,并没有太多的不同。按照《党政领导班子和领导干部年度

---

① 艾佳慧:《中国法院绩效考评制度研究——"同构性"和"双轨制"的逻辑及其问题》,《法制与社会发展》2008 年第 5 期,第 70-84 页。

考核办法（试行）》的规定，对于党政领导班子的年度考核，内容主要包括"思想政治建设、领导水平、工作实绩、完成重点任务、反腐倡廉等方面的实际成效"，而对于领导干部的年度考核，则主要考核"履行岗位职责情况，内容包括德、能、勤、绩、廉等方面的现实表现".[①] 由于法院不能创造 GDP，对于同级党政机关而言，能否维护社会稳定，化解矛盾，为信访工作降压，是他们考核政法领导班子的主要标准。从这一层面来看，法院领导成员对于同级党政机关，往往采取的是一种响应式的行动方式，以便获得同级党政机关的政治肯定和人力、物力支持。对于上级法院而言，其更多地关注于下级法院的审判质量。而其中，调撤率、上诉率、发改率等是最重要的考核指标。其中的缘由在于，在当前信访压力极大的情况下，信访零报告、信访一票否决、信访案件督查督办、随时都可能面临的信访案件汇报和接访，使得上级法院希望下级法院尽量将纠纷化解在一审的过程中。在此意义上，同级党政机关和上级法院虽然在考核的标准（或者说形式）上有所差异，但目标是非常明显的，那就是维护社会稳定。这一目标既构成了对法院领导人员的政治激励，也成了一道政治压力。基于政治上的激励，诉讼调解成了法院应对同级党政机关和上级法院考核的重要工具。其中的缘由在于，调解意味着当事人不能够上诉，自然不存在上诉的风险和发回重审的问题。

其二，对于普通法官的激励。与法院领导班子成员的一岗双责不同，普通法官的考核主要体现为审判业务方面。由于普通法官的考核权掌握在由法院院长担任组长的考核小组手中，同时，考核的结果与普通法官的奖惩、晋升有着直接的联系。法院管理者为了达到上级法院所设定的业务目标，往往将上级法院所看重的指标（调撤率、上诉率、发改率等），进一步地分解到办案法官个人。有的法院管理者甚至为了能在与其他同级法院的指标竞赛中获得优势，提高对法官个人的调解率要求，并将这一指标的完成情况与法官的评奖评优、职位晋升等挂钩。在这一"制度激励"下，调解率越高，法官的审判工作越"出色"，也就意味着该名法官在评奖评优、职务晋升的过程中可以获得更多的加分。除了较为直接的物质刺激、职位刺激之外，法院系统中往往会展开一系列的"造势行动"，如通过《人民法院报》等积极宣传调解率较高的法院和个人，以营造鼓励调解的氛围。从近年来《人民法院报》所刊载的内容来看，"调解能手"一直是其青睐的报道对象。例如，在历届的"中国法官十杰"评选报道活动中，调解率成为

---

① 参见《党政领导班子和领导干部年度考核办法（试行）》第三条。

代表法官工作成绩的重要指标。从身处基层负责处理邻里家庭纠纷的金桂兰，到大都市中审判知识产权纠纷的宋鱼水，高调解率成为她们的加分亮点（金桂兰负责的案件 90％以上以调解方式结案，宋鱼水的调解率也不低于 70％）。而最高人民法院所宣传的全国模范法官陈燕萍，也是一位调解能手，调解率达到了 70％以上。法院系统通过媒体宣传、树立典型来化解此前现代审判方式改革所带来的负面影响，从而引导普通法官多调解、勤调解。

7.3　"调解优先"驱动下的调解率异化

7.3.1　法院对调解率的追求

为了实现高调解率目标，不少法院将调解确定为法官办理民事案件的主要方式。根据案件审级的不同和受诉法院的级别差异，分别确定调解率。并将其落实结果与法官考评、年终奖惩以及评先评优等直接挂钩，仿佛不如此就不能体现他们的积极努力和工作成效。① 河南法院系统在建设"调解年"中，要求一审民事案件的调解率必须要达到 60％～80％。为了实现民商事纠纷调解率的猛升，新疆法院大幅提高调解结案工作量在岗位责任目标考核中的核算比例，对重大案件实行"三级调解"，即由审判长先调解，调解不成的由庭长调解，庭长调解不成的，由分管副院长进行调解。② 江苏法院系统则将调解率指标与法院院长、庭长考核绑定在一起，要求法院的调解率必须达到全省法院相应指标平均数，并建立《基层法院审判管理效率指标通报》，对基层法院的调解率进行排名，以督促基层法院积极调解。

对调解率的追求到了极致，就成了"百分百调解""零判决"。此种情形未免匪夷所思，然则在我国不少地方真实上演。河南省南阳市中级人民法院开展了一项"零判决"竞赛活动，以响应河南省高级人民法院所提出的建设"调解年"倡导。最终，该法院辖下有 10 个法庭实现全年一案未判的目标。"零判决"的这

① 赵钢:《法院调解结案率须当慎定》,《法学》2008 年第 3 期,第 39-41 页。
② 王书林:《新疆民商事案件调解率猛升》,《人民法院报》2005 年 12 月 28 日第 1 版。

一做法随即被河南省内其他法院模仿。2009 年上半年,郑州市中级人民法院知识产权庭所审理的近 200 起案件,全部以调解的方式结案。广西、河北、福建等地也出现了开展"零判决"法庭建设活动。① 法院对调解率的追求,并不是最近才有的。据考证,早在陕甘宁边区时期,边区高等人民法院曾经向下级法院发布指示:"调解为主,审判为辅""调解是诉讼的必经程序""调解数字,作为干部的政绩标准"。对此,时任高等人民法院院长王子宜提出了严厉的批评意见。② 只是这种真知灼见,被"司法大众化""司法机关一体化"等政治话语所淹没。自 2002 年以来,法院系统对调解率的追求,只是对过去已有论调的一种重复。当然,这种重复也被赋予了新的政治需要,即维护社会稳定,建设和谐社会。然而,法院对调解的追求,是否真的能够带来和谐,值得我们进一步追问。

7.3.2　法院追求高调解率对法治与公平的冲击

法院调解,是指当事人在法官的支持下,就民事权益争议平等、自愿地协商,以达成协议,解决纠纷的活动。调解的前提是对当事人意愿的尊重。只有符合当事人意愿的调解,才能够化解纠纷,达到案结事了的目的。我国诉讼法所强调的"自愿、合法",就是对"以调解为中心""着重调解"原则的一种修正。在此意义上,现代意义上的诉讼调解,其灵魂与生命在于当事人的自愿。尊重当事人的真实意愿,是法律赋予主持调解法官的强制义务。然而,当前一些法院以追求自身利益为目的,主观设定调解率,违背司法的规律,在审判中片面强调案件的调解,必然会与诉讼当事人的利益与意愿发生冲突。

7.3.2.1　法院追求高调解率,易引发强制调解和违法调解

"就调解的过程来说,它本身没有一定的程式,一切都以当事人的和解协议为指归。调解内容的正当性不是来源于法律规则,而是双方的认同。"③由于法律规则和法律程序的柔化,法官要获得当事人双方的认同,首先须保证自身与当事人之间的纠纷没有任何的利害关系。古语说得好,无欲则刚,没有利害关

---

① 福建省三明市中级人民法院对下级法院下发了《关于人民法庭开展争创"零判决"法庭活动实施方案》,要求辖区法庭贯彻"调解优先,案结事了"的政策,争创"零判决"。

② 王子宜:《边区推事审判员联系会议总结》(1945 年 12 月 29 日报告),横山县人民法院档案,卷 6。

③ 周永坤:《论强制性调解对法治和公平的冲击》,《法律科学》2007 年第 3 期,第 11-24 页。

系,作为裁判者的法官才能客观公正地就纠纷提供解决方案(无论是调解还是判决)。然而,法院对调解率的追求扭曲了这一前提,法官在接手处理案件之前,就已经形成了对该案的调解偏好,尽管他此时对他将要处理的案件还一无所知。

"无论什么样的纠纷解决制度,在现实中其解决纠纷的形态和功能总是为社会的各种条件所规定。"①受政治体制系统整体性影响,我国法院组织体制未能成功区分其审判职能与内部行政管理职能,《人民法院组织法》所规定的审判制度与内部行政管理还处于一种嵌入与被支配的关系。② 法院的组织与人事遵循的是公务员制度的管理逻辑。③ 从普通法官开始,往上有副庭长、庭长、副院长、院长层层领导,法院的院长与法官不是平行的同事关系而是上下级关系。④ 从党政机关调任而来的法院院长,天然地具有行政机关的工作习惯与思维方式,在此种思维的映照下,出现了诸如"加强审判管理"等具有强烈行政色彩的口号。⑤ 法院院长对调解的追求,必然通过"数字式"管理传递给下级法官。目前,在"数字化管理"这一行政管理模式下,多数法院都建立了以民事案件调解率、上诉率、改判率等为核心内容的绩效考核评价体系。这些考核数据增加了法官与所处理纠纷之间的利益关联,驱动法官积极调解,以获得较好的业绩表现。"对法官的问卷调查显示,将调解率作为审判绩效考评的重要指标是很多法官选择调解的内心动机和原因,这种考核对法官调解意识增强具有很大的促进作用。"⑥形象一点,调解率已经压倒了法官心中平衡的天平,"养成"了司法者的调解偏好。调解率与法官个人利益一荣俱荣、一损俱损。这种损失包括失去评奖、评优的机会,甚至影响法官的职位升迁。为了追求"漂亮"的调解率,不可避免地会出现一些法官千方百计地做当事人的工作以促成调解的现象。

这种单纯追求调解率的行为,很有可能会引发违反调解本意的现象。事实上,与判决相比,调解是一个细致活,主持调解的法官不仅要关心与法律有关的事实,还需要对当事人的心理动机有精准的把握。办案人员不仅要细心地做当

---

① [日]棚濑孝雄:《纠纷的解决与审判制度》,王亚新译,中国政法大学出版社 1995 年版,第 21 页。

② 苏力教授使用"溶入"一词来形容法院审判与法院内部行政管理之间的关系。参见苏力:《论法院的审判职能与行政管理》,《中外法学》1999 年第 5 期,第 36-46 页。

③ 也即韦伯所描述过的科层式官僚制度。

④ 法院系统所推行的裁判文书签审制度,就是等级制的集中反映。

⑤ 一个客观的现实是,基层法院的院长很少从系统内产生,大多数从党政关系系统调任而来。参见苏力:《送法下乡》,中国政法大学出版社 2000 年版,第 115 页。

⑥ 孙海龙等:《调解的价值是如何实现的》,《法律适用》2009 年版第 11 期,第 135 页。

事人的劝导、说服工作,在多数情况下还需要动员社会力量来调和当事人之间的对立与紧张。显然,案件的调解成功,需要法官与当事人之间持续的对话与沟通。然而,随着法院所受理的案件数量(尤其是民事案件)快速增长,而法院的办案人员因为编制的限制而得不到有效的扩充。民事法官的案件负荷量逐年递增。[①] 法官为了应对高调解率要求,容易粗糙办案,甚至出现以劝压调、以拖压调、以诱压调、以判迫调。正如一些法官所说:"现在的案子这么多,一个案子调解了,下一个又来了,哪顾得上当事人之间还有什么情绪。"在忽视当事人情绪的情况下所达成的调解协议,并不能体现双方当事人的真实意愿,虽然案件在审理程序上终结了,但基于对法官的不信任以及对调解结果的不满意、不信服,当事人反而会拒绝履行协议。更有甚者,在法院内部的"竞争机制"下,少数法官为了谋取私利,不惜以身试法,借完成调解任务之名行违法之实。有的法官在主持当事人调解时,竟然不通知另一方当事人到场,伪造笔录,欺骗当事人在调解协议上签字,致使当事人不服调解、上访告状,甚至由民事纠纷激化成刑事案件。

强制调解,名为当事人自愿,实际上已经背离了诉讼调解制度设置初衷。按照民事审判的基本原理,裁判者不得拒绝当事人进行审判的诉讼请求。强制调解,名义上虽打着"为当事人利益着想"的旗号,行的却是侵害诉讼当事人诉权之实。正如著名诉讼法学者新堂幸司所说:"当案件已至适合于裁判之阶段,当事人也要求进行裁判时,如果法院出于和解万能思想之考虑,仍然强行引导和解,那么会导致无谓的重复,事实上也拖延了判决的时间,进而容易产生'拒绝裁判'之嫌疑,这一点是应当注意的。"[②] 由于诉讼调解的程序软化特征,因法官追求调解率所导致的强制调解,使得当事人的诉讼权利丧失了程序的保障。事实上,一些法官之所以胆大妄为,强制当事人调解,也无非是利用了调解不得上诉、调解不得抗诉的特点。在笔者看来,在调解的过程中,主持调解的法官与当事人之间处于信息非对称状态,作为信息获得的弱势者,当事人依赖于法官的信息传达,此种传达将作用于当事人的判断与诉讼预期。换言之,在调解过程中,当事人对于主持调解的法官具有更高的公正期待。裁判者为了达到调解的目的,刻意歪曲案件的真实信息,将调解的信任基础破坏殆尽。在互不信任

---

① 目前,我国法院所处理的民事案件却呈现出爆炸式的增长。2006—2010 年,法院系统审结的案件增长了 244.4 万件,相应的法官却只增长了 3000 人。2010 年法院系统共受理民商事案件 6090622 件,审结 6112695 件,分别上升 5.01% 和 5.44%。参见《人民法院年度工作报告(2010)》,最高人民法院网,2011 年 11 月 20 日访问。

② [日]新堂幸司:《新民事诉讼法》,林剑锋译,法律出版社 2008 年版,第 258 页。

基础上所做出的调解或者判决,都难以收到当事人服判的效果。

7.3.2.2　要求二审、再审高调解率,不符合司法的规律

按照《人民法院组织法》的制度设置,我国共有四个层级的法院。其中基层人民法院 3115 家、中级人民法院 295 家、高级人民法院 31 家。[1] 回顾我国改革开放以来的司法统计数据,可以发现,民事审判的二审与再审的调解率一直保持着相对稳定的状态,直至近年才呈现出迅速提高的态势,如图 7.2 所示。

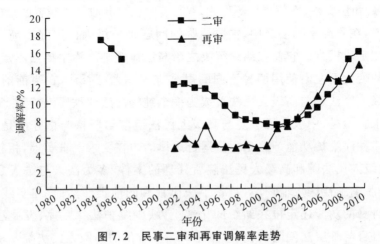

图 7.2　民事二审和再审调解率走势

从图 7.2 中可见,以 2002 年为转折点,此前二审的调解率呈现略微下滑的趋势(在 12.0%～8.0%),而再审的调解率一直在 4.0%～8.0%波动。2002 年以后,二审与再审的调解率都快速上升,至 2010 年,两者的调解率分别为 15.9%与 14.4%,上升趋势明显。此种迅猛的上升趋势,与当下各级法院对调解率的追求不无关系。

人民法院所担负的功能主要有二:其一为纠纷解决功能,其二为法律规则功能。通常而言,基层法院与中级以上法院构成了法院系统的金字塔,基层法院数量最多,处于最低端,而中级以上法院处于金字塔的上层。前者主要承担着解决纠纷的角色,而后者则扮演着发展法律的角色。[2] "审级制度设计的一般原理是,越靠近塔顶的程序在制定政策和服务于公共目的方面的功能越强,

---

① 根据最高人民法院网公布的法院名录统计,其中中级人民法院包括海事法院和铁路运输中院,不包括军事法院。参见最高人民法院网:http://www.court.gov.cn/,2011 年 12 月 4 日访问。

② 一组数据说明了基层法院的纠纷解决功能。全国法院近 80%的法官在基层,近 90%的案件由基层法院审理。参见最高人民法院:《人民法院工作报告:2009》,第 42 页。

越靠近塔基的程序在直接解决纠纷和服务于私人目的方面的功能越强。"①对审判的层级进行功能分化,已经成为当今世界的潮流。在一些法治先进国家,二审已经不再处理法律事实的认定,而主要围绕案件的法律适用问题进行裁判。事实审与法律审的分工,使得各个层级法院的使命更加明确。反观我国,《人民法院组织法》与《民事诉讼法》虽然没有对各层级法院的职责做区分化处理,但在司法实践中,这种功能分化已经初步显现,主要表现为基层法院(尤其是派出法庭)对社区纠纷的化解。在金字塔的另一端,最高人民法院一直都在通过司法解释、司法文件、案例指导等形式,践行着自己公共政策创制者的角色。②

目前,在我国审判层级中,主要面临的问题是中级人民法院和高级人民法院的功能定位模糊。它们在纠纷解决之治与法律规则之治中摇摆不定,随着国家政策的变化而左右使用两种不同的思维方式。无可否认,在当前的情景下,要求中级人民法院与高级人民法院成为一个纯粹的法律秩序维护者,不符合现实的需求。但是,中级人民法院与高级人民法院应当坚持与恪守的是,承担更多的法律秩序维护功能。这是司法运行规律的内在要求。事实上,相较于基层法院,中级人民法院和高级人民法院所处理的案件,多为法人与法人之间的纠纷,已经脱离了社区人情环境,具备了法律裁判的前提。然而,在实践中,一些法院对自身的功能还定位在纠纷的化解上,缺少维护法律秩序、发展法律的自觉。将自身与基层法院同构化、柱体化。一些省份的高级人民法院要求下级中院必须达到一定比例的调解率,有的甚至给自己设定了较高的调解率。由此出现了部分中院、高院调解成风的现象。更有甚者,往往出现了越是重大、越是有社会影响力的案件,越是以调解的方式结束。③在此种模糊定位下,法院的二审与再审的调解率出现了节节攀升的情况。

民事案件进入二审与再审后,当事人双方已经对于调解缺乏预期,接受调解的意愿大为降低。换言之,在二审与再审过程中,案件的可调解性极低。违反此种规律,要求当事人调解,其成功率可想而知。"司法的根本任务是通过裁判明确权利的归属并保护它,任何其他相关的考虑都必须服从这一最高原则,

---

① 傅郁林:《审级制度的建构原理——从民事程序的视角的比较分析》,《中国社会科学》2002 年第 4 期,第 84-99 页。

② 关于最高法院公共政策创制功能的分析,参见张友连:《最高人民法院公共政策创制功能研究》,法律出版社 2010 年版,第 116-153 页。

③ 南京"彭宇案"引起了社会极大的关注,然而,此案二审在法院的调解下,以当事人和解撤诉的方式结束。

即使是社会效益、社会和谐也不足以同它抗衡。"[1]人民法院的司法权,本质上是一种裁判权,即通过分清事实,根据法律规则予以裁判。作为人民法院处理纠纷方式的一种,诉讼调解也应当具有司法的特质,即作为调解者的法官,其对当事人的劝解说服,应建立在事实相对清楚的基础上。当事人对调解的接受,应当以其根据法律规则所预期的结果为基础。在事实模糊,适用的法律规则也不明确时,盲目地要求当事人调解,必将造成诉讼调解与人民调解的同质化,同时,人民法院也将丧失其司法的特质。应当特别警惕二审、再审案件的高调解率。从诉讼的审级来看,中院、高院和最高人民法院,其处于审级的中上部,其审理的大多数案件要么是重大疑难案件,要么是从基层法院上诉而来的案件。这些案件的审理,需要审判者具有高超的法律技艺和过硬的法庭驾驭技巧,案件的最终审理结果对于法律的发展具有重要意义。对二审案件和再审案件高调解率的追求,必然将以牺牲法律为代价,同时也将危及法院本身的司法权的行使,使得不同层级的法院柱形化,丧失了法律设置各个层级法院的审级意义。更为可怕的是,如果二审法院、再审法院的法官都热衷于调解,不事法律理论素养的提高,我们的法院与人民调解委员会又有何差异?

7.4　法院追求高调解率的政治逻辑批判

法院追求高调解率,虽然不符合现代司法审判的基本规律,易造成强制调解、违法调解,但却普遍地存在于各级法院司法管理者的意识中。那么,这种现象的产生,基于什么样的背景?为何一些司法管理者还对此趋之若鹜?理清这些问题对于我们反思这一现象具有重要意义。

7.4.1　高调解率、马锡五审判方式与政治正确

一些法院在追求高调解率的过程中,往往宣称是为了弘扬马锡五审判方式,再创调解特色之路。其中潜藏的逻辑是,高调解率等于重视调解,重视调解等于重视马锡五审判方式。由于马锡五审判方式一直以来都被认为是中国司

---

① 周永坤:《论强制性调解对法治和公平的冲击》,《法律科学》2007年第3期。

法审判的新风格,是走群众路线的司法表现,也是区别于西方对抗式审判形式的社会主义审判模式,弘扬马锡五审判方式,也就意味着高调解率的法院在政治上的正确。此种逻辑看似有理,如果仔细分析,则可以发现诸多错谬。

首先,调解并非马锡五审判方式的本质特征。根据马锡五本人的总结,其在陕甘宁边区所推行的审判方式,主要有如下五个特点:就地审讯、巡回审判、公审制、人民陪审制、调解工作。其中调解被归纳为最后一点,且关于调解,马锡五批评了当时调解工作的一些错误现象。"当时调解工作中也曾发生过'民事均得进行调解''调解为主、审判为辅''调解是诉讼的必经程序',以及由此产生的强迫调解等错误。但这些错误,很快就得到了纠正。根据这种经验,以后确定了调解工作的三项原则:(1)调解必须双方自愿,不能有任何强迫;(2)调解必须遵守政府政策法令,照顾进步风俗习惯;(3)调解不是诉讼的必经程序。这样,才使调解工作走上了健康发展的道路。"①可见,马锡五本人并不认为调解是其工作方式的本质特征。在司法审判过程中,马锡五也会根据具体情况,综合使用调解与判决两种形式。

其次,对调解工作的重视,是由陕甘宁边区社会的乡土特性决定的,并非铁律。从历史资料所反映的情况来看,陕甘宁边区政府(1937—1949)所处的社会,具有浓郁的乡土气息。当时的陕甘宁边区,偏远、狭小、落后、贫困,是一个纯粹的乡土社会,人们遵行着一套约定俗成的礼法秩序。这决定了审判过程中对调解的偏重。在马锡五审判方式确立之前,当时的陕甘宁边区高等人民法院院长雷经天、李木庵等人曾推行过苏维埃式司法、西方现代司法制度,都遭遇失败。苏维埃式、西式司法审判制度之所以失败,不在于其制度上的落后,而在于这些制度所根植的法治土壤与陕甘宁边区当时的礼治土壤有着迥然的差异。正如费孝通先生所言:"现行的司法制度在乡间发生了很特殊的副作用,它破坏了原有的礼治秩序,并不能有效地建立起法治秩序。法治秩序的建立不能单靠制定若干法律条文和设立若干法庭,重要的还是人民怎样去用这些制度。更进一步,在社会结构和思想观念上还得先有一番改革。"马锡五之所以在案件的审理过程中重视调解的作用,主要的目的在于回避国家法律与乡土民俗之间的硬性冲撞,实现"定纷止争"的安民作用。从马锡五所处理的纠纷来看,主要涉及的是乡土社会中常见的婚姻家庭、邻里土地纠纷,采用调解的方式也容易恢复村民之间的关系。

最后,马锡五审判方式之所以获得了政治上的肯定,根本原因在于他在审判过程中,推行就地审讯、巡回审判的方法,这种做法切合了当时我党的群众路

---

① 马锡五:《新民主主义革命阶段中陕甘宁边区的人民司法工作》,《政法研究》1995 年第 1 期。

线思想方针。在抗日战争时期,作为党中央、中央军委所在地,我党决意将陕甘宁边区建设为全国模范地区。在边区革命根据地建设过程中,如何协调解决传统观念和党的政策之间的冲突,争取和团结广大群众,成为当时的军政领袖所关注的问题。面对诸多困境,毛泽东提出了群众工作路线的指导方针,主张相信群众、依靠群众,从群众中来、到群众中去。这一方针构成了当时政治高度一元化的边区政府日常工作的指导思想。作为边区政府的一部分,走群众路线的政治要求,自然也会传达至司法审判体系。马锡五本人并没有接受过系统的法律训练,陇东分庭庭长也只是他的兼职工作,他的主要身份是行政专员。马锡五在审判过程中走出窑洞,深入农村,就地调查,就地审判,正好响应了群众路线的政治号召,受到毛泽东的重视。毛泽东在接见马锡五时所题的"一刻也离不开群众",深刻地透露了政治领袖的关注点。

在政治的场域中,马锡五审判方式的本质特点,是走群众路线、密切联系群众,从群众中来、到群众中去。主要采取调解的方式处理纠纷,是马锡五在乡土社会中实事求是的结果。与之对照,当下一些法院罔顾实际情况,积极追求调解率的结果,已经与马锡五审判方式的精髓背道而驰!马锡五本人就曾对"民事均得进行调解""调解为主、审判为辅"的司法工作路线提出过严厉的批评。一些法院为了表明自身的政治正确,歪曲马锡五审判方式的本来面貌,对民事一律使用调解的方式,其本质上是对"调查研究、实事求是"精神的一种践踏!

7.4.2　维稳逻辑下的"大调解"运动催生调解率攀比

随着社会的发展与变迁,中国开始快速地由乡土社会向工商业社会转变。我国法院所审理的民事案件中,婚姻家庭、继承纠纷所占的比重日益下降,而代表市场经济的合同纠纷的比重则日益上升。据笔者统计,1980年全国法院系统一审审结的合同纠纷仅占全部一审民事案件的2%,而至1996年,这一比例上升至83%,此后有所下降,但仍一直保持在50%以上。建立在平等交换基础上的市场经济,给传统的思想观念带来巨大冲击,以差序、等级为基础的传统礼法观念开始瓦解,而现代社会所秉持的平等、权利观念逐渐为人们所接受。社会结构和思想观念的变化,必然要求司法审判方式的革新。作为审判权运行的两种方式,调解与判决在司法实践中所扮演的角色必然有所调整。反映至结案比例,则意味着调解率的下降。如图7.3所示,1980—2002年,我国民事诉讼一审的调解率,从最高值75.6%(1986年),下降至29.9%(2002年)。

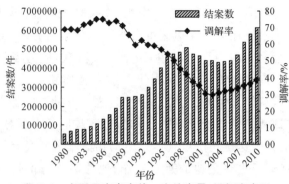

图 7.3　全国民商事案件一审结案量、调解率变迁

虽然判决已经取代了调解,成为法院审判权运行的主要方式,但不应忽视的是,调解仍旧还是法院处理民事纠纷的重要方式。调解并没有彻底地消失,如图 7.3 所示,2002 年以后的调解率仍然保持在 30%～40%。客观而言,调解之所以在司法实践中仍然发挥着重要作用,其主要缘由有三:其一,调解契合中国人的"重人际、和为贵"的文化传统。[①] 同时,我国地域广阔,沿海地区与内陆地区、城市与农村之间的经济发展不平衡,广大的农村地区,尤其是中西部农村,仍然具有乡土社会、熟人社会的特征。在这些地区,调解仍然具有判决所无法比拟的优势。其二,我国当前司法资源配置和调整能力有限,法院的权威并未完全确立,执行难问题突出,难以保障判决执行到位。其三,我国当前仍然处于社会转型期,由于社会利益格局的调整,社会矛盾突出,这些冲突不适宜以判决的形式予以评价。[②] 采取调解的方式,有助于缓和冲突,避免矛盾的激化。

由于调解在转型时期的重要作用,法院调解也上升至政治的高度被强调。在我国的政治语境中,调解被赋予了"维护社会稳定"的政治期待与要求。为了实现"维稳"的目标,在党委、政府的领导下,相关的行政资源、司法资源被整合、调度,以服务于维护稳定的大局。2011 年,中央社会治安综合治理委员会等 16 个部门联合发布的《关于深入推进矛盾纠纷大调解工作的指导意见》,要求各级党政部门"坚持调解优先,依法调解,充分发挥人民调解、行政调解、司法调解的作用"。在大调解运动中,调解的功能被无限放大,成为驱动国家各部门行动的合法性机制。[③] 在这种政治生态下,法院调解被重新塑造成为化解社会矛盾的

[①] 关于文化因素对于当事人诉讼行为的影响,参见陈聪富:《法院诉讼与社会发展》,《国家科学委员会研究季刊:人文及社会科学》2000 年第 4 期,第 435-492 页。

[②] 龙宗智:《关于"大调解"和"能动司法"的思考》,《政法论坛》2010 年第 4 期,第 98-105 页。

[③] 本书所使用的合法性机制,是指诱使或迫使组织采纳具有合法性的组织结构和行为的观念力量。参见周雪光:《组织社会学十讲》,社会科学文献出版社 2003 年版,第 75 页。

一个关键环节。为了推动调解运动,法院被要求重点推动一般民事案件、轻微刑事案件通过调解的形式案结事了。调解工作被列入社会治安综合治理考评的重要内容。对于调解不力,发生危害社会治安和社会稳定重大矛盾纠纷的地方和单位,实行责任倒查,视情形予以通报批评、警示,直至一票否决。在这种压力下,法院管理者为了转嫁压力,完成政治考核任务,在自身所在的法院发起了提高调解率的比赛,乃至出现"零判决"法庭竞赛。调解背后的维稳逻辑"理所当然"地压倒了判决的司法逻辑。

7.4.3　诉讼高调解率并不必然致社会和谐

出现驱动法院盲目追求调解率的维稳逻辑,一个重要的前提就是高调解率与社会和谐成正比例关系,调解率越高,当事人之间就越和谐,法院的工作效果就越好。然而,事实果真如此?

从实践来看,进入法院发起诉讼的当事人都是理性的当事人,都有着自己的诉求。当事人双方对自己诉讼的最终结果存有合理的预期。法院对当事人进行调解,就是要在一定程度上使得双方当事人的诉求一致,或者说达到平衡的状态。换言之,诉讼调解的最终结果是一方当事人部分牺牲自己的利益,以换取对方当事人对调解协议的自动履行。然而,实践表明,高调解率并没有带来高自动履行率,大量的诉讼调解协议也进入了执行程序。例如,上海高级人民法院的一项研究课题表明,该市 23 家法院以调解方式结案的民事案件,其自动履行率几乎与强制性的判决结案方式的执行率相当。[①] 浙江省衢州市中院的一项调研报告也证实了这一点。当事人达成调解协议后,经常遇到承担义务的一方不能按照调解书所确定的条款履行自己义务的情况。这样,承担义务的一方当事人不仅通过调解取得了对自己有利的纠纷结果,而且在调解达成后还会使另一方当事人蒙受更大的损失。上述情况并非个例,而是存在一定的普遍性。

武汉市东西湖区法院调解案件进入强制执行的情况:2006 年以来,东西湖区法院共审结各类民事案件 4356 件,调解结案 1337 件,调解案件自动履行 367 件,自动履行率仅为 27.4%,且呈现"民事案件调解率逐年上升,调解案件自动

---

　① 上海市高级人民法院:《关于中国诉讼调解制度改革的专题研究》//杨润时:《最高人民法院民事调解工作司法解释的理解与适用》,人民法院出版社 2004 年版,第 313-314 页。

履行率逐年下降"趋势。[①] 2008 年 7 月至 2009 年 6 月,徐州全市基层法院审结民事案件 48846 件,其中调解结案 22724 件,调解率为 46.5%,同期,依据调解书申请执行的 7431 件,民事调解案件申请执行的比例为 32.7%,其中二审民事调解案件申请执行的比例为 13.4%,在 11 家基层法院中民事调解案件申请执行比例高于 40% 的有 3 个法院,30%～40% 的有 4 个法院,30% 以下的有 2 个法院。当事人不按期履行调解协议而申请执行的案件高发,调解所发挥的重要功能——案结事了,打了"折扣",调解息诉不够彻底。[②] 再如,宁波市海曙区法院的一项调研表明,2006—2009 年,该院所审理的民事案件中,民商事调解案件进入执行程序的比例逐年增加,与案件调解率成正比。调解案件结案后,当事人并非均能自动履行,进入执行程序的比例也是呈逐年上升的趋势。从 4 年来调解案件进入执行程序的数量占该年调解结案数的比例可看到,随着调解结案数的增加,调解案件申请执行的数量也与之成正增长趋势,而且该增长趋势明显高于每年的调解结案增长比例。居高不下的数值表明,部分调解案件并未有效达到定纷止争的预期目的。[③] 此外,四川、广西、北京、内蒙古等地区的法院调研报告也证实了存在大量调解案件进入强制执行程序,调解较之于判决的优势被消解。[④]

---

① 许翼仙:《武汉市东西湖区法院分析民事调解案件自动履行率不高原因并提出对策》,http://hubeigy.chinamurt.org/public/detail.php? id=10142,2011 年 10 月 5 日访问。

② 刁国明:《人民法院调解案件申请执行情况的调研分析》,《徐州审判》2010 年第 1 期,第 55-58 页。

③ 袁满君、柯织虹:《民商事调解案件申请执行率》,宁波海曙区法院网:http://www.nbhsfy.gov.cn/News_view.aspx? ContentId=394&CategoryId=41,2012 年 4 月 5 日访问。

④ 四川省成都市高新区人民法院陈力法官在对西部地区 A 法院进行调研时指出:"统计显示,8 年间共有 2487 件、占总数 47% 的民事调解案件,因一方当事人未自觉履行调解协议内容而进入执行程序。婚姻家庭类案件反悔 582 件,反悔率为 23%;合同类案件反悔 1741 件,反悔率高达 60%;权属类案件反悔 162 件,反悔率亦达 52%。"浙江省宁波市北仑区法院冯一文法官在其对 B 法院调解案件申请执行的调研论文中指出:"B 法院调解案件申请执行率达到了 36.33%,比合理申请执行比例 14.67% 高出 21.68%,明显偏高,与调解结案理想化的'案结事了'要求存有较大差距,或者说,设定调解制度时的定纷止争的预期司法功能没有充分体现出来。此外,还有相当多的法院调研报告反映了调解结案的案件自动执行不佳的情况。"参见刁国民:《人民法院调解案件申请执行情况的调研分析》,《徐州审判》2010 年第 1 期。漳平市人民法院课题组:《对民商事诉讼调解案件执行情况的调查与分析》,龙岩法院网:http://fjlyzy.chinacourt.org/public/detail.php? id=107。卜烈珍、张均英、严国琼、李运增:《民商事调解案件执行情况调研报告——以钦州市两级法院为主要研究对象》,钦州法院网:http://qzzy.chinacourt.org/public/detail.php? id=1045。杨宗仁:《加强诉讼调解为构建和谐社会提供司法保障——关于广东省河源市两级法院诉讼调解工作的调研报告》,《人民法院报》2009 年 7 月 2 日。夏海军、傅德洋:《试分析调解结案案件执行难的原因及对策》,江苏法院网:http://www.jsfy.gov.cn/llyj/gdjc/2008/08/11/38305.html。张华、向斌:《民商事案件调解结案后自动履行率低值得重视》,重庆法院网:http://cqfy.chinacourt.org/public/detail.php? id=28634.

事实上,调解案件的申请执行人对执行结果的心理预期比判决案件的当事人要高。特别是有些案件在调解过程中,申请人基于对法官、法院以及对方当事人的信任,已经做出较大让步,如若不能自动履行则难免会把情绪带到执行中来,如果再要求其让渡权利,就不可避免会指责法院办案不力,甚至认为法院调解不当或调解有误,进而引起信访、申诉,使当事人之间普通的民事纠纷演变成当事人和法院的矛盾。[①] 因此,盲目地追求调解率,忽视对案件的具体情况的审查,最终的结果反而可能造成当事人的不满,反而难以和谐。

调解率本质上只是司法统计的一个项目、一项数据,其功能只能反映一段时间内调解结案量与结案总数之间的比重。换言之,调解率这一项数据,至多只能反映作为审判权行使方式的调解在司法审判中的运用频率。"至于调解的质量,即调解协议是否是当事人自愿达成的,调解协议能否自动履行以及实际履行情况,单纯凭借调解率我们是无法知悉的,同时更无法从中得出为达成调解协议而付出当事人诉讼成本、法院司法成本的高低。"[②]

7.5　法院应当科学对待调解率

地方法院盲目追求调解率所带来的问题,已经引起了高层的重视,要求"调解不能定指标,不能久拖不决,不能以损害司法效率换取调解率"。[③] 在我们看来,应当正视法院追求调解率所造成的不良影响,采取科学的态度对待调解率。

7.5.1　取消对法官的调解率考核

科学对待调解率,当务之急是取消对法官的调解率考核。在大部分的法院绩效考核体系中,调解率都被放在重要的位置。"调解率是当下法院审判绩效考核指标体系中的一项核心指标,各地法院均有一整套与年终评先、奖金挂钩极为详细具体的考核办法,有些法院甚至每月都对法官的调解率予以张榜公布。"[④]

---

① 章俊、骆忠新等:《调解率与调解自动履行率应当并重》,《人民法院报》2011 年 4 月 14 日第 8 版。
② 陈数森:《调解率的功能回归与机制重构——从案件调解后申请执行情况引发的追问、慎思与求解》,《全国法院系统第二十二届学术讨论会文集》,2010 年,第 14 页。
③ 曹建明:《当前民事审判工作中的若干问题》,《法律适用》2007 年第 2 期,第 3-7 页。
④ 王静:《司法成本的控制与节约——从规范调解的角度》//景汉朝:《司法成本与司法效率实证研究》,中国政法大学出版社 2010 年版,第 55 页。

有消息称,中国只有一个省的法院不考核调解率。[①] 根据笔者所查阅的资料,河北、河南、江苏、福建、浙江等省份的法院系统绩效考核体系中,调解率都占据了很大的权重。通常来说,一个地区的调解率,往往处于相对稳定的状态,其起伏波动较小。法院在调解率的设置上会参考该地区的调解情况。

"调解应追求当事人利益,而非法院利益或国家利益。"[②] 目前的调解率"追星",本质上不是为了实现对当事人利益的最佳维护,而是法院对自身利益的追求。有些法院为了实现对政治形势的积极回应,在考核指标体系中刻意加大对调解率的考核力度。往往有法院领导一拍脑袋、大脑一热,罔顾该地区的实际情况,大放调解率的卫星,在调解率上层层加码。在部分地方,领导者对调解率的追求已经成为悬在法官头上的达摩克利斯之剑。一些法院将预先设定的调解率与法官的薪酬待遇、职业晋升等挂钩,意图通过切身利益来驱动法官"积极主动"地参与案件调解。此种挂钩方式,短期内确实可以实现调解率节节攀升的繁荣景象。但是,这是一种饮鸩止渴的方式。可以说,调解过程中普遍存在的"以劝压调、以判压调、以拖压调、以诱压调"等现象都是拜考核所赐。长此以往,法院的法官天天忙于调解,而无心学习法律,提高自身的法律素养,也许有一天,法院会退化为从事社会调解的行政组织,而不再是享有司法权的审判组织。

7.5.2　限制二审与再审的调解适用

二审与再审调解率的快速上升,已经严重危及我国司法制度的根基。从各国的司法实践经验来看,诉讼二审和诉讼再审,涉及的都是严肃的法律适用问题。我们知道,调解一方面具有降低对抗性的特性,另一方面也具有软化程序和法律规则的消极作用。民事诉讼的一审,大多数发生在基层法院(主要是派出法庭),调解的适用具有较好的文化基础和社会情境。然而,在二审与再审中强调调解、淡化判决,就不具有适宜性了。从功能上看,二审与再审具有救济与监督的功能,即对一审判决所遵循的程序、认定的事实和适用的法律进行审查,以确认其符合法律的规定。可以说,调解所具有的法律规则软化特性与二审、再审所负荷的法律监督功能在天然上是冲突的。

20 世纪 80 年代以来的司法实践亦证明,即使是在法律制度尚不健全的时代,民事二审与再审的调解率都一直处于非常低的状态。这其中,蕴含着一个

---

① 周永坤:《中国还有一个省不考核调解率》,法律博客网:http://guyan.fyfz.cn/art/720008.htm,2011 年 11 月 25 日访问。

② 徐昕:《"调解优先"的司法政策应当调整》,《中国社会科学报》2010 年 3 月 25 日第 4 版。

深刻的道理,即"防止一个具有法律强制力的错误裁判文书危害于世,最好的办法是通过另一个被赋予更终局强制力的裁判文书来确立正确的裁判规范"。目前,一些法院追求调解率,主观为二审与再审设定较高的调解率,已经违背了司法的运行规律。欲纠正此种背离司法基本规律的行为,最理想的办法莫过于严厉禁止调解在二审与再审中的适用。然而,这种方式欠缺诉讼法的明文规定,且有侵犯诉讼当事人的诉讼自主权的嫌疑。现实可行的办法是,按照司法的克制性原则,严格限制调解在二审与再审案件中的适用。在二审与再审过程中,对于当事人没有提出请求的,法官不得主动要求当事人调解或者为当事人提出调解方案。

7.5.3　褪去调解率的政治光环

后世的民事司法者,未能充分地领会马锡五审判方式的精髓,将调解等同于马锡五审判方式,等同于走人民群众路线。在笔者看来,马锡五审判模式的精髓在于,实事求是、因地制宜地根据司法的客观环境,确定最适宜当地的司法策略。马锡五审判方式对调解的侧重,主要是为了避免共产党的方针政策与边区相对保守的风俗习惯(尤其是婚姻家庭)之间的直接冲突。在边区特定时空环境下,采取调解的策略具有现实的考量。而在当今法制已经完备,公民权利意识高涨的情况下,仍然采取调解的方式,来堵塞人民群众的权利诉求,就是刻舟求剑、缘木而求鱼的行为。

马锡五审判方式的本质是亲民、便民,此种本质非形式上的调解结案所能概括。正如马锡五审判方式发源地陕甘宁边区高等法院院长王子宜所言:"我们提倡马锡五审判方式,是要求学习他的群众路线和联系群众的精神,这是一切司法人员都应该学习的,而不是要求机械地搬用他的就地审判的形式。因为任何形式都是要依据具体情况和具体需要来选择的。"[①]调解率、判决率等本来都只是法院司法统计的统计项目,然而,在实践中,调解率被刻意上纲上线,与政治挂钩。如学者所说,我国"司法与政治形势的密切联系以及权力结构中司法的特定地位,使得任何政治形势的要求都会直接在司法领域中得到反映,也必须得以反映"。[②] 在一段时期内,为了配合民事审判方式改革的推进,司法宣传上对判决率青睐有加,对一步到庭、当庭宣判积极报道。2004 年以后,随着

---

① 王子宜:《边区推事审判员联系会议总结》(1945 年 12 月 29 日报告),横山县人民法院档案,卷 6。
② 张卫平:《诉讼调解:时下态势的分析与思考》,《法学》2007 年第 5 期,第 18-27 页。

高层提出建设和谐社会的政治口号,诉讼调解及调解率又被拿出来作为正面典型加以宣传。在国家权力的辐射下,中国的司法呈现出多种面孔。

政治对司法的沁入,让本来只是一项统计项目的调解率,具有了别样的政治意味。高调解率,意味着法院的领导者获得了政治上的先进话语权。法院对调解率的追求,转化为法院对政治上的话语地位的追求。由此我们也可以发现所谓的"能动司法"所蕴含的政治含义。但是,我们不应忘记,一位学者对此所提出的警语。他说:"当一个国家开始接近于实现其最充分的能动主义潜质的时候,司法与行政便开始融合。如果说在一个彻底的'无为而治'型国家中,所有的活动,包括行政活动,都带有一定的审判色彩的话,一个完全的能动型国家的所有活动,包括审判活动,便都带有一定的行政色彩。"①在本源意义上,应该揭去调解率的政治迎合面孔,归还其统计决策参考的本来面目。因为,我们不知道在哪一天,判决率又会被拿出来,以取代调解率,用来彰显法院司法体制改革的成功。

7.6 本章小结

进入 21 世纪,我国的民事诉讼调解政策发生了巨大的转变。"能调则调、当判则判、调判结合、案结事了""调解优先、调判结合"的政策转型,通过法院行政化的人事管理体制得到了贯彻,进而对我国的民事诉讼调解率变迁产生了影响。然而,调解优先的政策实施效果,并没有宣传的那样出色。实际上,无论是调解率的上升幅度,还是案件的调解效果,都表明司法政策转型的效果有限。大量调解案件进入强制执行程序,表明司法系统通过行政化的动员机制,所实现的高调解率,并没有实现当事人和谐的效果。同时一些法院所发起的"零判决"法庭竞赛等活动,充分地说明了法院对调解率的追求程度。法院追求高调解率,易引发强制调解和违法调解。要求二审、再审高调解率,不符合司法的规律。法院追求调解率,亦歪曲了马锡五审判方式的本质。在大调解运动下,调解的政治逻辑遮蔽了司法的逻辑。应当科学看待调解率,褪去调解率的政治光环,取消对法官的调解率考核,严格限制调解在二审与再审中的适用。

----

① 米尔伊安·R.达玛什卡:《司法与国家权力的多种面孔——比较视野中的法律程序》,郑戈译,中国政法大学出版社 2004 年版,第 132 页。

第8章 结 论

8.1 主要结论及进一步研究方向

8.1.1 主要结论

调解制度是我国司法制度的一个重要的构建,在中国社会跌宕起伏的历史变迁中,调解呈现出各种各样的面孔。这项古老的制度,具有顽强的生命力,它不仅没有随着中国的现代化进程而消灭,反而在中国社会的变迁过程中起着巨大的润滑作用。本书以调解率的变迁,来挖掘当代中国民事诉讼调解率变迁的作用机制,并得到了一些初步的结论。

8.1.1.1 改革开放以来民事诉讼调解率变迁的基本描述

通过对相关统计文献的整理,可以发现,中国自 1978 年以来的民事诉讼调解率变迁,呈现出前降而后升的变化,其中,2002 年构成了变化的转折点。然而,由于 2002 年以后的民事诉讼一审调解率只呈现出缓慢的上升趋势,因此,还很难形成目前一些学者所谓的"U"型变迁。从 1978 年至 2010 年,中国民事诉讼一审调解率一直高于二审及再审的民事诉讼调解率。其中,从 1978 年至2002 年,民事诉讼一审调解率下降幅度高于二审和再审调解率的变迁幅度。然而,2002 年后,这一变化被颠覆,二审及再审的民事诉讼调解率呈现出快速上升的趋势,而一审的调解率呈现出缓慢上升的态势。

民事诉讼调解率的三大类型(婚姻家庭、合同、侵权)总体变化趋势一致,但呈现出略有不同的面貌。三大类型案件结案量占比排序有较大变动,合同纠纷取代婚姻家庭、继承纠纷,构成了当前法院民事审判的主要内容。在过去的三十年中,合同纠纷案件增长迅速,其占比从不到 2％上升到 50％以上。与合同纠纷结案数占比快速增长不同的是,其他两大类型民事案件结案总数虽然有所增长,但是占比却有所下降。其中,婚姻家庭、继承纠纷案件的结案占比从 57％下降至 23％。权属、侵权纠纷案件的占比,从 41％下降至 24％。比较三大类型纠纷调解率,可以发现三者存在如下不同:(1)调解率的变动幅度不同。其中婚姻家庭、继承纠纷的调解率变化幅度最小,而合同纠纷与权属、侵权纠纷的调解率变动幅度均较为剧烈。(2)2002 年以后上升的幅度不同。婚姻家庭、继承纠纷的调解率虽然始终保持在 40％以上,但是其增长相对平缓。同样上升较为缓慢的还有合同纠纷,而权属、侵权纠纷的调解率上升较快。

8.1.1.2 民事诉讼调解率变迁的解释

在中国的民事诉讼调解的制度实践背后,存在着多重的逻辑。它包括当事人逻辑、法院策略逻辑和国家治理逻辑。三者在不同的时期,对调解制度产生了各不相同的影响。在民事诉讼调解率的变迁中,来自当事人的逻辑对调解产生了关键性的作用。这种作用机制表现为如下两个方面:其一,当事人的纠纷的性质,对案件的最终结案形式,具有重要的影响。其二,作为司法产品的消费者,当事人对法院审判的评价,最终影响到国家的治理策略。

由于合同纠纷与离婚纠纷占据了民事纠纷的主要部分,本书主要围绕合同纠纷和离婚纠纷展开分析。笔者认为,导致 1978—2002 年合同纠纷调解率快速下降的主要原因在于当事人与法院的"合谋"。一方面,随着经济改革的推进,大量的合同纠纷(主要是借款合同、买卖合同纠纷)涌入法院,使得法院审判工作量剧增。同时,这些合同纠纷的标的金额呈现出快速上升的趋势,导致合同纠纷的可调解性下降。另一方面,为了应对民事审判中的案多人少局面,法院启动了以强化当事人举证责任为中心的审判方式改革。这一改革,压缩了法院与当事人之间的沟通与交流的时间,导致法院司法调解功能的消退。合同纠纷可调解性的下降和法院为了应对诉讼审判数量压力所进行的审判方式改革,导致合同诉讼调解率快速下降。在这一时期,国家关于金融机构呆账的治理,使得法院成为解决国有企业改革问题中的一个环节。这一治理措施的实施进一步加剧了合同纠纷调解率的下降。

关于离婚纠纷调解率变迁。在当代中国离婚纠纷调解率的变迁过程中,当事人、国家与法院围绕着离婚纠纷的处理,扮演着各不相同的角色。从根本意义上看,调解率的下滑,主要原因是当事人在夫妻共同财产分割问题上分歧过大。这一原因,导致国家在制度供给上发生变化,从而进一步推动离婚纠纷当事人将纠纷诉诸法院。在应对当事人的离婚纠纷诉求过程中,受传统观念的制约以及"夫妻感情确已破裂"的判断困境,法院在司法实践过程中出现了"二次离婚诉讼审判规则"。一件离婚纠纷,必须要经过两次起诉、两次判决,才能实现最终结束婚姻法律关系的目的。这间接导致了法院判决率的上升、调解率的下降。这一规则的出现,固然有着客观的原因,但它与法院的体制性约束不无联系。

通过对合同纠纷和离婚纠纷的分析,可以认为,当事人的因素是构成当代中国民事诉讼调解率变迁的决定性因素。国家的治理和法院的应对策略,对调解率变迁也产生了重要影响,但它们仍然只是影响民事诉讼调解率变迁的次要因素。

8.1.1.3 "调解优先"政策对民事诉讼调解率变迁的影响

进入新世纪以来,调解率的缓慢回升,是诉讼政策转变及实施的结果。然而,调解优先的政策实施效果,并没有宣传的那样出色。实际上,无论是调解率的上升幅度,还是案件的调解效果,都表明司法政策转型的效果有限。大量调解案件进入强制执行程序,表明司法系统通过行政化的动员机制所实现的高调解率,并没有实现当事人和谐的效果。同时一些法院所发起的"零判决"法庭竞赛等活动,充分地说明了法院对调解率的追求程度。法院追求高调解率,易引发强制调解、违法调解。要求二审、再审高调解率,不符合司法的规律。法院追求高调解率,亦歪曲了马锡五审判方式的本质。在大调解运动下,调解的政治逻辑遮蔽了司法的逻辑。应当科学看待调解率,褪去调解率的政治光环,取消对法官的调解率考核,严格限制调解在二审与再审中的适用。

8.1.2 研究的不足及进一步的研究方向

回顾本书所做的研究,还存在以下不足,需要进一步改进。

8.1.2.1 统计数据的真实性问题

本书所研究的民事诉讼调解率,需要对大量的司法统计数据进行处理。司法统计数据的真实性是研究得以进行的前提。然而,基于笔者能力的有限,本书所采用的司法统计数据都来自官方的出版物,这使得本书存在着有前提性缺陷的可能。这是因为,受行政化法官管理体制的影响,一些法院在向上报送司法统计数据的过程中,可能基于自身的利益需要而对数据有所修饰、美化,这种可能性将直接影响本书结论的可靠性。为了克服这一缺陷,本书选择了从长时段(1978—2010 年)来考察调解率,而非单个年度,或者单个法院的调解率。这种长时段的考察,在一定程度上抵消了因个别年度、个别法院司法统计数据失真所带来的结果偏差。当然,从科学所要求的严谨性来说,应当百分百地保证数据的真实与可靠。基于这一科学性研究,笔者应当尽可能地选取部分法院进行调研,通过局部地解剖来验证中国民事诉讼调解率的真实变迁路径。然而,由于写作时间的紧迫,笔者省略了这一环节,在将来的研究中,应当进一步地对部分省份或者部分法院进行深入的分析。

8.1.2.2 调解率变迁的影响因素

本书主要从当事人、法院与国家治理三个方面,对中国民事诉讼调解率的变迁,进行分析和解释。虽然本书已经确定了当事人这一核心影响因素,但是,不容否认的是,将影响因素仅仅框定于当事人、法院和国家治理,还存在解释框架简单化的问题。事实上,法律文化、法官的素质、律师的参与、法律制度的供给等都可能对调解率的变迁产生影响。虽然上述因素与当事人有着千丝万缕的联系,如律师的参与、法律制度的供给,对于当事人的诉讼预期具有较为明显的影响,但毕竟它们与当事人的区别是明显的。在过去的一些研究中,也有不少的学者坚持法律文化决定论。这可能在一定程度上,对笔者的"经济决定论"产生一些冲击和动摇。基于法律文化的难以测量性,笔者放弃了分析这一因素对调解率变迁的影响。这导致本书的解释框架具有一定的片面性。在未来的研究中,笔者将尽可能地分析这些因素,以弥补这些缺憾。

8.2 对"调解优先"保持谨慎的期待

本书的研究表明,当事人是当代中国民事诉讼调解率变迁的关键因素。改革开放以来合同纠纷(尤其是借款合同纠纷和买卖合同纠纷)的快速增长,改变了过去法院的案件结构。婚姻家庭、继承纠纷不再是民事审判的第一对象,法院民事审判的主要工作在于解决市场交易过程中出现的借款合同纠纷和买卖合同纠纷。合同纠纷标的金额的快速增长、离婚纠纷中夫妻共同财产分割的复杂性,导致调解的可能性下降,同时,为了应对日益增长的案件审理压力,法院发起了以强化当事人举证责任为中心的现代审判方式改革。当事人因素与法院的应对策略的"合谋",导致改革开放以来(尤其是 20 世纪 90 年代)民事诉讼调解率的下降。这一时期,国家的非市场化行为,进一步加剧了民事诉讼调解率的下降趋势。而进入新世纪后,随着国家对于调解工作的重视,我国民事诉讼调解率呈现出缓慢上升的趋势,新闻媒体所报道的"调解先进"法院所取得的调解成绩,让人产生"调解已经重新占据了法院"的错觉。然而,改革开放以来的调解率变迁表明,真正决定调解率变迁的关键因素在于当事人。"调解优先"的司法政策,虽然在一定程度上可以借助于行政化的法院人事管理体制而得到贯彻,并取得一定的成效。但从根本意义上看,这种效果是非常有限的,甚至产生了一定的负面效果。这种负面效果体现为:强制调解、违法调解增多;二审、再审调解率上升;大量调解案件进入强制执行程序。这些负面效果,提醒我们,应当对"调解优先"的政策实施效果,保持一种谨慎的乐观态度。

实际上,法院系统的决策者也已经注意到在调解政策实施过程中出现的一些问题。如最高人民法院王胜俊院长在 2012 年《最高人民法院工作报告》中明确指出:"在加大调解力度的同时,正确处理调解和判决的关系,坚持有利于解决纠纷、有利于化解矛盾、有利于实现案结事了的标准,坚持合法自愿原则,根据每起案件的具体情况,合理选择处理案件的方式,有效化解社会矛盾,对于不能调解以及调解不成的,依法及时做出裁判。"最高人民法院常务副院长沈德咏亦明确指出:"人民法院不仅要加强诉讼调解工作,而且要加强诉前调解工作,积极推动多元纠纷解决机制建设,引导当事人先行就近、就地选择非诉讼方式解决纠纷,力争将矛盾纠纷化解在诉前。"这些事实表明,法院管理者已经认识到,即使是在大调解时代,法院的调解功能也是有限的,对调解的强调,并不能否认判决在构建社会主义和谐社会中的重要作用。

当然,我们也可以从司法的政治响应性出发,来理解最高人民法院的调解政策转型。但是,这种法院的策略转型,并不能够取代当事人的支配逻辑。基于这一理由,应当对"调解优先"保持一种谨慎的期待!

参考文献

[1] Alexander M B. The Least Dangerous Branch: The Supreme Court at the Bar of Politics[M]. New Haven, CT: Yale University Press, 1962: 16.

[2] Barton L J. Behind the Legal Explosion[J]. Stan. L. Rev. , 1975(27):567.

[3] Bebchuk L A. Litigation and Settlement under Imperfect Information[J]. The RAND Journal of Economics, 1984, 15(3):404-415.

[4] Becker H S. The Epistemology of Qualitative Research[M]// Jessor R, Colloy A, Shweder R A. Ethnography and Human development: Context and Meaning in Social Inquiry. Chicago: University of Chicago Press, 1996, 53-71.

[5] Blumer M. Sociological Research Methods[M]. London: Macmillan, 1977:4-5.

[6] Diamant N J. Revolutionizing the Family: Politics, Love, and Divorce in Urban and Rural China, 1949—1968[J]. American Journal of Sociology, 2001, 107(1):256.

[7] Engisch K. Die Idee der Konkretisierung in Recht und Rechtwissenschaft unserer Zeit[J]. Philosophy, 1953(2):262.

[8] Felstiner W L F, Abel R L, Sarat A. The Emergence and Transformation of Disputes: Naming, Blaming, Claiming[J]. Law and Society Review, 1980, 15(3/4):631-654.

[9] Galanter M. A Settlement Judge,Not a Trial Judge: Judicial Mediation in the United States[J]. Journal of Law & Society,1985,12(1):1-18.

[10] Galanter M. The Emergence of the Judge as a Mediator in Civil Cases [J]. Judicature, 1986 ,69(5):256-262.

[11] Galanter M. The Modernization of Law[M]//Meiner M. Modernization: The Dynamics of Growth. New York: Basic Books Inc,1996:170.

[12] Galanter M. The Vanishing Trial: An Examination of Trials and Related Matters in Federaland State Courts[J]. Journal of Empirical Legal Studies,2004,1(3):459-570.

[13] Galanter M. Reading the Landscape of Disputes: What We Know and Don't Know (and Think We Know) about Our Allegedly Contentious and Litigatious Society[J]. UCLA L. Rev. , 1983(1):4.

[14] Heyde J E. Typus: Ein Beitrag zur Bedeutungsgeschchte des Wortes Typus[J]. Forschungen und Fortschrift,1941(17):220.

[15] Huang P C C. Divorce Law Practice and the Origins,Myths and Realitise of Judicial "Mediation" in China [J]. Modern China, 2005, 31 (2): 151-203.

[16] Lasswell H D. Compromise[J]. Encyclopedia of the Social Sciences,1933 (4):148.

[17] Li J S. Relation-based Versus Rule-based Governance: A Explanation of the East Asian Miracle and Asian Crisis[J]. Review of International Economics, 2003, 11(4):651-673.

[18] Machlup F, Leeson K. Information through the Printed Word: The Dissemination of Sholarly, Scientific, and Intellectual Knowledge[M]. New York: Praeger Publishers, 1978.

[19] Merry S E. Getting Justice and Getting Even: Legal Consciousness among Working-class Americans[M]. Chicago: University of Chicago Press, 1990.

[20] Moore W E. A Reconsideration of Theories of Social Change[J]. American Sociological Review,1960,25(6):810-818.

[21] Nader L. No Access to Law: Alternativee to the American Judicial System[M]. New York: Aacdemic Press,1980.

[22] Nader L, Todd H F. The Disputing Process:Law in Ten Societies[M]. New York: Columbia University Press, 1978.

[23] North D C. Institutions,Institutional Change and Economic Performance [M]. Cambridge: Cambridge University Press,1990: 7.

[24] North D C,Robert T. The Rise of the Western World[M]. Cambridge: Cambridge University Press,1973.

[25] Priest G L, Klein B. The Selection of Dispute for Litigation[J]. The Journal of Legal Studies,1984，13(1):1-55.

[26] Ryan J P, Ashman A, Sales B D, et al. American Trial Judges：Their Work Styles and Performances[M]. New York：Free Press,1980.

[27] Siegelman P, Waldfogel J. The Selection Hypothesis and the Relationship between Trial and Plaintiff Victory[J]. J. Political Economy,1995，103(2):229-260.

[28] Stipanowich T J. ADR and the "Vanishing Trial"：The Growth and Impact of "Alternative Dispute Resolution"[J]. Journal of Empirical Legal Studies，2004,1(3):843-912.

[29] Vago S. Social Change[M]. 5th ed. London：Pearson Education，2004.

[30] [美]艾尔·巴比. 社会研究方法[M]. 邱泽奇,译. 北京：华夏出版社,2009：332,329.

[31] [法]埃米尔·涂尔干. 社会分工论[M]. 渠涛,译. 北京：社会科学文献出版社,2000:2.

[32] 艾佳慧. 社会变迁中的法院人事管理——一种信息和知识的视角[D]. 北京：北京大学,2008:5-6.

[33] 艾佳慧. 司法判决中"双高"现象并存的一种社会学解释[J]. 中外法学，2005(6):685.

[34] 艾佳慧. 中国法院绩效考评制度研究——"同构性"和"双轨制"的逻辑及其问题[J].法制与社会发展,2008(5):70-84.

[35] [英]安德鲁·海伍德. 政治学核心概念[M]. 吴勇,译. 天津：天津人民出版社,2008:22-24.

[36] 白建军. 论法律实证分析[J]. 中国法学,2000(4):29-39.

[37] 白建军. 少一点"我认为"，多一点"我发现"[J]. 北京大学学报(社会科学版),2008(1):25-33.

[38] 白迎春. 日本"辩论兼和解"的审判方式[J]. 太平洋学报,2009(11):57-64.

[39] [波]彼得·什托姆普卡. 社会变迁的社会学[M]. 林聚任,等译. 北京：北京大学出版社,2011:95-106.

[40] 毕玉谦. 司法审判动态与研究(第 3 卷第 2 辑)[M]. 北京：法律出版社,2007:9.

[41] 卜烈珍,张均英,严国琼,李运增. 民商事调解案件执行情况调研报告——

以钦州市两级法院为主要研究对象[EB/OL]. http://qzzy. chinacourt. org/public/detail. php？id=1045,2012-04-05.

[42] [美]布莱克. 社会学视野中的司法[M]. 郭星华,等译. 北京：法律出版社,2002.

[43] 蔡艳荣. 6个月婚姻考验期破解离婚案瓶颈[N]. 燕赵都市报,2010-09-15.

[44] 曹建明. 当前民事审判工作中的若干问题[J]. 法律适用,2007,(2):3-7.

[45] 曹建平. 最高人民法院民事案件案由规定理解与适用[M]. 北京：人民法院出版社,2008:1-2.

[46] 陈保忠. 透视离婚案件——来自湖北云梦县的调查报告[N]. 人民日报,2000-02-17.

[47] 陈聪富. 法院诉讼与社会发展[J]. 国家科学研究院研究业刊(人文及社会科学),2000(4):435-492.

[48] 陈光中. 中华法学大辞典·诉讼法学卷[M]. 北京：中国检察出版社,1995:6.

[49] 陈力. 民事调解高反悔率及其解释[J]. 法律适用,2010(7):59-62.

[50] 陈树森. 调解率的功能回归与机制重构——由案件调解后申请执行情况引发的追问、慎思与求解[C]//最高人民法院. 全国法院系统第22届学术讨论会文集,2011:14.

[51] 仇立平. 社会研究方法[M]. 重庆：重庆大学出版社,2008.

[52] 崔建远. 合同法[M]. 5版. 北京：法律出版社,2010:420.

[53] [英]戴维,萨顿. 社会研究方法基础[M]. 北京：高等教育出版社,2008:43.

[54] [美]戴维·S. 穆尔. 统计学的世界[M]. 郑惟厚,译. 北京：中信出版社,2003.

[55] [法]迪尔凯姆. 社会学方法的准则[M]. 狄玉明,译. 北京：商务印书馆,1995:96-97.

[56] 刁国民. 人民法院调解案件申请执行情况的调研分析[J]. 徐州审判,2010(1):55-58.

[57] 丁以升,孙丽娟. 论我国法院公共政策创制功能的构建[J]. 法学评论,2005(5):15-19.

[58] 杜宇. 再论刑法上之"类型化思维"——一种基于方法论的思考[M]//梁根林. 刑法方法论. 北京：北京大学出版社,2006:124.

[59] 范愉. 从诉讼调解到"消失中的审判"[J]. 法制与社会发展,2008(5):60-69.

[60] 范愉.纠纷解决的理论与实践[M].北京:清华大学出版社,2007:410-459.

[61] 范愉.诉讼调解:审判经验与法学原理[J].中国法学,2009(6):128-137.

[62] 范愉.调解的重构——以法院调解的改革为重点(上)[J].法制与社会发展,2004(2):113-125.

[63] 范愉.调解的重构——以法院调解的改革为重点(下)[J].法制与社会发展,2004(3):90-108.

[64] 范愉.新法律现实主义的勃兴与当代中国法学的反思[J].中国法学,2006(4):38-51.

[65] 风笑天.社会学研究方法[M].2版.北京:中国人民大学出版社,2005:110-113.

[66] 冯一文."案结事了"理想的实践障碍及其超越——基于调解案件进入执行程序的实证分析[J].宁波大学学报(社会科学版),2009(6):132-136.

[67] 傅郁林.审级制度的建构原理——从民事程序的视角的比较分析[J].中国社会科学,2002(4):84-99.

[68] 傅再明.马克斯·韦伯的法律社会学评介[M]//李楯.法律社会学.北京:中国政法大学出版社,1999:85.

[69] [日]富永健一.社会结构与社会变迁——现代化理论[M].董兴华,译.昆明:云南人民出版社,1988:87-88.

[70] 葛行军.更新执行观念推进执行改革[M]//最高人民法院执行工作办公室.强制执行指导与参考.北京:法律出版社,2002,4(4):48.

[71] 郭翔.论民事案件案由的几个理论问题[M]//张卫平.司法改革评论.北京:中国法制出版社,2002,(3):194.

[72] 郭星华.法社会学教程[M].北京:中国人民大学出版社,2011:5.

[73] 何兵.现代社会的纠纷解决[M].北京:法律出版社,2003:43-46.

[74] 何勤华.泛讼与厌讼的历史考察——关于中西方法律传统的一点思考[J].法律科学,1993(3):10-15.

[75] 何永军.断裂与延续:人民法院建设(1978—2006)[M].北京:中国社会科学出版社,2008:199-214.

[76] 贺卫方:.中国司法管理制度的两个问题[J].中国社会科学,1997(6):122.

[77] 贺欣.离婚法实践的常规化——体制制约对司法行为的影响[J].北大法律评论,2008(2):456-477.

[78] [美]亨利·J.亚伯拉罕.司法的过程[M].泮伟江,等译.北京:北京大学出

版社,2009:1.

[79] 洪冬英.当代中国调解制度的变迁研究——以法院调解与人民调解为中心[D].上海:华东政法学院,2007:131.

[80] 侯欣一.从司法为民到人民司法:陕甘宁边区大众化司法制度研究[M].北京:中国政法大学出版社,2007.

[81] 胡昌明.民事案件调撤率的实证分析及其规律适用[M]//徐昕.司法程序的实证研究.北京:中国法制出版社,2007:190-200.

[82] 胡锦涛.提高构建社会主义和谐社会的能力[N].人民日报,2005-02-19.

[83] 胡平仁,杨夏女.以交涉为核心的纠纷解决——基于法律接受的法社会学分析[J].湘潭大学学报(哲学社会科学版),2010(1):24.

[84] 黄昆.劳动法主体体系研究[D].长沙:湖南大学,2008:7.

[85] 黄松有.中国现代民事审判权论:为民服务型民事审判权的构筑与实践[M].北京:法律出版社,2003:3.

[86] 黄宗智.过去与现在:中国民事法律实践的探索[M].北京:法律出版社,2009:88-124.

[87] 季卫东.调解制度的法律发展机制——从中国法制化的矛盾入手[J].比较法研究,1999(3/4):367-377.

[88] 季卫东.宪政新论—全球化时代的法与社会变迁[M].北京:北京大学出版社,2002.

[89] [美]加里·斯坦利·贝克尔.信息的不完全性、结婚和离婚[M]//贝克尔.家庭论.王献生,王宇,译.北京:商务印书馆,2005:387-410.

[90] 江平.中国司法大辞典[M].长春:吉林人民出版社,1991:574.

[91] 江苏省高级人民法院民一庭.江苏省法院婚姻家庭案件审理若干问题的调查报告[M]//奚晓明.民事审判指导与参考.北京:法律出版社,2007:165.

[92] 金妡淳.中韩法院的民事诉讼调解制度之比较研究[D].北京:中国政法大学,2002:29-31.

[93] [美]克雷斯威尔.研究设计与写作指导:定性、定量与混合研究路径[M].重庆:重庆大学出版社,2007:164-179.

[94] 李浩.当下法院调解中一个值得警惕的现象——调解案件大量进入强制执行研究[J].法学,2012(1):139-148.

[95] 李浩.论法院调解中程序法与实体法的双重软化——兼析民事诉讼中偏

重调解与严肃执法的矛盾[J].法学评论,1996(4):11-16.

[96] 李浩.论调解不宜作为民事审判权的运作方式[J].法律科学,1996(4):68-74.

[97] 李浩.民事审判中的调审分离[J].法学研究,1996(4):57-68.

[98] 李杰.调解率说明什么?——对"调解率与和谐正相关"命题的分析[J].法律适用,2008(10):49-54.

[99] 李可.类型思维及其法学方法论意义——以传统抽象思维作为参照[J].金陵法律评论,2003(2):105-118.

[100] 栗劲,李放.中华实用法学大辞典[M].长春:吉林大学出版社,1988:1566.

[101] 栗峥.国家治理中的司法策略:以转型乡村为背景[J].中国法学,2012,(1):81.

[102] 梁慧星.中国统一合同法的起草[M]//梁慧星.从近代民法到现代民法.北京:中国法制出版社,2000:192-223.

[103] 梁书文.法院司法统计讲座[M].北京:人民法院出版社,1992:40.

[104] 刘金友,陈恩惠.实用司法统计学[M].北京:法律出版社,1991:89.

[105] [日]六本佳良.日本法与日本社会[M].刘银良,译.北京:中国政法大学出版社.2006:216-217.

[106] 龙宗智.关于"大调解"和"能动司法"的思考[J].政法论坛,2010(4):98-105.

[107] [美]罗伯特·K.默顿.科学哲学[M].林聚任,等译.北京:生活·读书·新知三联书店,2001:32.

[108] [美]罗伯特·K.默顿.论理论社会学[M].何凡兴,等译.北京:华夏出版社,1990:54.

[109] 罗东川,黄建中.民事案件案由规定的理解与适用[J].法律适用,2008(5):18.

[110] [美]罗纳德·伊兰伯格.现代劳动经济学——理论与公共政策[M].6版.刘昕,等译.北京:中国人民大学出版社,2000:350.

[111] [德]马克斯·韦伯.社会科学方法论[M].杨富斌,译.北京:华夏出版社,1999:186.

[112] [英]马克斯·H.瓦索.信息空间——认识组织、制度和文化的一种框架[M].王寅通,等译.上海:上海译文出版社,2000:390.

[113] 马湘莺.调解还是判决——关于汨罗市人民法院离婚案件的调解结案率低的原因分析[D].北京:北京大学,2005:15-16.

[114] 马忆南.婚姻法第 32 条实证分析[J].金陵法律评论,2006(春季卷):21.

[115] 毛丹.社会学研究中的中层理论关心[J].浙江社会科学,2006(5):19-23.

[116] [美]米尔伊安·R.达玛什卡.司法与国家权力的多重面孔——比较视野中的程序法[M].郑戈,译.北京:中国政法大学出版社,2004:131-135.

[117] [澳]娜嘉·亚历山大.全球调解趋势 [M].2 版.王福华,等译.北京:中国法制出版社,2011:1-4.

[118] 南通市中级人民法院民一庭.法院民事诉讼调解的调查报告[M]//奚晓明.民事审判指导与参考.北京:法律出版社,2007,4(32):38-51.

[119] [美]纽曼.社会研究方法:定性和定量的取向[M].5 版.北京:中国人民大学出版社,2007:23.

[120] [美]诺曼·K.邓津,伊冯娜·S.林肯.定性研究(第 1 卷):方法论基础[M].重庆:重庆大学出版社,2007:11.

[121] 潘凤飞.法院调解率:"U"型回归态势下的探析[D].保定:河北大学,2011:7-23.

[122] [日]棚濑孝雄.纠纷的解决与审判制度[M].王亚新,译.北京:中国政法大学出版社,2004:41.

[123] 强世功.法制与治理——国家转型中的法律[M].北京:中国政法大学出版社,2003,246-267

[124] 强世功.调解、法制与现代性:中国调解制度研究[M].北京:中国法制出版社,2001:14.

[125] 屈茂辉,张杰,张彪.论计量方法在法学研究中的应用[J].浙江社会科学,2009(3):21-26.

[126] 屈茂辉,张杰.计量法学本体问题研究[J].法学杂志,2010,(1):56-59.

[127] 冉井富.当代中国民事诉讼率变迁研究——一个比较法社会学的视角[M].北京:中国人民大学出版社,2005.

[128] 任建新.充分发挥国家审判机关的职能作用更好地为"一个中心、两个基本点"服务—1988 年 7 月 18 日在第十四次全国法院工作会议上的报告(摘要)[J].中华人民共和国最高人民法院公报,1988(3):13.

[129] 任建新.最高人民法院工作报告[J].中华人民共和国最高人民法院公报,1990(2):16.

[130] [美]萨利·安格尔·梅丽.诉讼的话语——生活在美国社会底层人的法律意识[M].郭星华,王晓蓓,王平,译.北京:北京大学出版社,2007:231.

[131] [意]桑德罗·斯奇巴尼.学说汇纂(婚姻·家庭和遗产继承)[M].费安玲,译.北京:中国政法大学出版社,2001.

[132] 山东省高级人民法院.关于山东法院诉讼调解情况的调研报告[M]//奚晓明.民商事审判指导.法律出版社,2009(38):292-293.

[133] 山东省高级人民法院研究室.山东法院审判力量配置与法官负荷情况分析[J].人民司法,2010(19):51-53.

[134] 上海市高级人民法院.关于中国诉讼调解制度改革的专题研究[M]//杨润时.最高人民法院民事调解工作司法解释的理解与适用.北京:人民法院出版社,2004:313-314.

[135] 苏力.法治及其本土资源[M].北京:中国政法大学出版社,2004:64.

[136] 苏力.论法院的审判职能与行政管理[J].中外法学,1999(5):36-46.

[137] 苏力.司法制度的合成理论[J].清华法学,2007(1):6-18.

[138] 苏力.送法下乡[M].北京:中国政法大学出版社,2000:115.

[139] 孙海龙,高伟.调解的价值是如何实现的——以部分中、基层人民法院为研究样本[J].法律适用,2009(11):135.

[140] 唐应茂.法院执行为什么难——转型国家中的政府、市场与法院[M].北京:北京大学出版社,2009:9.

[141] [日]田中豊.民事第一審訴訟における和解について－裁判官の役割を中心に[M].1986(32):65-72.

[142] [德]托马斯·莱赛尔.法社会学导论[M].高旭军,等译.上海人民出版社,2011:273-274.

[143] 汪治平.最高人民法院民事案件案由规定(试行)的理解与试用[M].北京:人民法院出版社,2001:111.

[144] 王彬.法律统计实践与理论的产生和发展[J].统计与决策,1998(3):44-45.

[145] 王静.司法成本的控制与节约——从规范调解的角度[M]//景汉朝.司法成本与司法效率实证研究.北京:中国政法大学出版社,2010:55.

[146] 王书林.新疆民商事案件调解率猛升[N].人民法院报,2005,12(28):1.

[147] 王晓玲.冲出围城——M 法院离婚案件调查报告[M]//徐欣.司法程序的实证研究[M].北京:中国法制出版,2007:208.

[148] 王亚新.论民事、经济审判方式的改革[J].中国社会科学,1994(1):3-22.

[149] 王子宜.边区推事审判员联系会议总结[R].横山:横山县人民法院档案,卷六,1945,12(29).

[150] 翁子明.司法判决的生产方式——当代中国法官的制度激励与行为逻辑[M].北京:北京大学出版社,2009:209.

[151] 巫昌祯.婚姻法执行状况调查[M].北京:中央文献出版社,2004:4.

[152] 吴德清.当代中国离婚现状及发展趋势[M].北京:文物出版社,1999:66-67.

[153] 吴喜之.统计学:从数据到结论[M].北京:中国统计出版社,2006.

[154] 吴英姿.法院调解的"复兴"与未来[J].法制与社会发展,2007(3):35-45.

[155] 吴英姿.司法过程中的"协调"——一种功能分析的视角[J].北大法律评论,2008,9(2):478-496.

[156] 武红羽.司法调解的生产过程——以司法调解与司法场域的关系为视角[M].北京:法律出版社,2010:129-161.

[157] [英]西蒙·罗伯茨,彭文浩.纠纷解决过程:ADR与形成决定的主要形式[M].刘哲伟,李佳佳,于春露,译.北京:北京大学出版社,2011:114.

[158] 奚晓明.中国民商事审判的回顾与展望[M]//最高人民法院.人民法院改革开放三十年论文集(1978-2008).北京:人民法院出版社,2008:46-56.

[159] 奚晓明.最高人民法院民事案件案由规定理解与适用[M].北京:人民法院出版社,2011:291.

[160] 夏团.最新常用法律大词典[M].北京:中国检察出版社,2000:858.

[161] 肖建国.从制度上阻击"执行难"[EB/OL].法制网,http://www.legal-daily.com.cn/index_article/content/2011-11/12/content_3089341.htm,2012-03-24.

[162] 谢立中.社会变迁过程中的复杂性[J].首都师范大学学报,2003(2):92.

[163] [日]新堂幸司.新民事诉讼法[M].东京:弘文堂,2000:302-303.

[164] 徐涤宇,肖陆平.法院"调解运动"之反思——基于两种文明秩序的视角[J].法学杂志,2011(2):91-94.

[165] 徐昕."调解优先"的司法政策应当调整[N].中国社会科学报,2010-03-25:4.

[166] 徐月倩.治理的兴起与国家角色的转型[D].杭州:浙江大学,2009:

55-58.

[167] 许翼仙.武汉市东西湖区法院分析民事调解案件自动展行率不高原因并提出对策[EB/OL]. http：//hubeigy. chinamurt. org/public/detail. php? id=10142,2011-10-05.

[168] 严克新.离婚案件"二次诉讼"规则的成因及建议[EB/OL]. 光明网法院频道,http://court. gmw. cn/html/article/201101/10/636. shtml, 2011-05-22.

[169] 杨柳.模糊的法律产品——对两起基层法院调解案件的考察[J].北大法律评论,1999,2(1):208-225.

[170] 杨宗仁.加强诉讼调解,为构建和谐社会提供司法保障——关于广东省河源市两级法院诉讼调解工作的调研报告[N].人民法院报,2009,7(2):8.

[171] 叶鹏.对农村离婚案件的调查与分析[J].中国管理科学文献,2008(12):565-567.

[172] 佚名.家庭解体的是与非——对恩施州离婚案件的调查[EB/OL].恩施新闻网,http://www. enshi. cn/20050923/ca29183. htm,2011-05-22.

[173] 袁满君,柯织虹.民商事调解案件申请执行率[EB/OL].宁波海曙区法院网,http://www. nbhsfy. gov. cn/News _ view. aspx? ContentId = 394&CategoryId=41,2012-04-05.

[174] 袁明圣.公共政策在司法裁判中的定位与适用[J].法律科学,2005(1):59-65.

[175] 詹建红.法官编制的确定与司法辅助人员的设置——以基层法院的改革为中心[J].法商研究,2006(1):63-69.

[176] 张嘉军.民事诉讼调解政策研究[M].郑州:郑州大学出版社,2011:150-177.

[177] 张嘉军.民事诉讼调解结果率实证研究[J].法学研究,2012(1):31-45.

[178] 张建伟.国家转型与治理的法律多元主义分析[J].法学研究,2005(5):96-109.

[179] 张其山.法官造法的限度及方式[M]//陈金钊.法律方法(第七卷).济南:山东人民出版社,2008:276.

[180] 张卫平.司法公正的法律技术与政策——对"彭宇案"的程序法思考[J].法学,2008(8):138-152.

[181] 张卫平.诉讼调解:时下态势的分析[J].法学,2007(5):18-27.

[182] 张友连.最高人民法院公共政策创制功能研究[M].北京:法律出版社,2010:14-15.

[183] 章俊等.调解率与调解自动履行率应当并重[N].人民法院报,2011-04-14.

[184] 漳平市人民法院课题组.对民商事诉讼调解案件执行情况的调查与分析[EB/OL].http://fjlyzy. chinacourt. org/public/detail. php? id＝107,2012-04-05.

[185] 赵钢,占善刚,刘学在.民事诉讼法[M].武汉:武汉大学出版社,2008:73.

[186] 赵钢.法院调解结案率须当慎定[J].法学,2008(3):39-41.

[187] 赵晓力.关系/事件、行动策略和法律的叙事[M]//王斯福.乡土社会的公正、秩序与权威.北京:中国政法大学出版社,1997:520-541.

[188] 郑杭生.当前我国社会矛盾的新特点及其正确处理[J].中国特色社会主义研究,2006(4):32-35.

[189] 郑宏范.罗干代表党中央国务院强调全党全社会支持人民法院依法执行维护社会主义法制的统一和尊严[N].光明日报,1999-08-14.

[190] 周雪光,艾云.多重逻辑下的制度变迁:一个分析框架[J].中国社会科学,2010(4):132-150.

[191] 周雪光.组织社会学十讲[M].北京:社会科学文献出版社,2003:70.

[192] 周永坤,朱应平.否决一府两院报告是喜是忧[J].法学,2001(5):7-11.

[193] 周永坤.论强制性调解对法治和公平的冲击[J].法律科学,2007(3):11-24.

[194] 周永坤.强制调解对公平与法治的冲击[J].法律科学,2007(3):11-24.

[195] 周永坤.中国还有一个省不考核调解率[EB/OL].法律博客网,http://guyan. fyfz. cn/art/720008. htm ,2011-11-25.

[196] 朱景文.在越来越多的诉讼的背后—兼论中国国情与纠纷解决的特色[J].交大法学,2011(2):139-140.

[197] [日]竹下守夫.民事诉讼的计量分析[M].东京:商事法务研究会,2000:223.

[198] 庄会宁,刘蓓."执行难"不能跨世纪[J].瞭望新闻周刊,1999,12(10):29-30.

[199] 邹郁卓.从民俗习惯个案的角度审视法院调解的功能与限度[J].法令月刊,2011(12):237.

[200] 最高人民法院诉讼调解规范化研究课题组.关于人民法院调解工作的调研报告[M]//杨润时.最高人民法院民事调解工作司法解释的理解与适用.北京:人民法院出版社,2004:247-248.